Monika Beyersdorf-Morig

Gott übermittelt 365 Botschaften für eine bessere Welt

Band 1 von 4
Botschaften 001 - 100

Impressum

Bibliografische Information der Deutschen Nationalbibliothek:
Die Deutsche Nationalbibliothek verzeichnet diese Publikation in der Deutschen Nationalbibliografie; detaillierte bibliografische Daten sind im Internet über http://dnb.dnb.de abrufbar.

*Gestaltung: **Gerd Morig, Monika Beyersdorf-Morig***
*Titelfoto: **Thomas Ulbrich, Itzehoe***
*Lektorat: **Renate Buttler, Celle***
*Tech.Beratung: **Kai Tammen, Celle***

Herstellung und Verlag: BoD – Books on Demand, Norderstedt
*ISBN: 978-3-**833499647***

Vorwort

Es ist für mich eine besondere Anerkennung, dieses Vorwort für meine liebe Ehefrau Monika Beyersdorf-Morig zu schreiben.
Ich war zusammen mit Frau Brigitte Gailun, der Freundin meiner Frau, am 12.02.2015 dabei, als sie zum ersten Mal Gott gerufen hat, ohne zu wissen ob er sich meldet. Sie sprach mit Gott und erklärte ihm, was sie auf dem Herzen hatte und bat ihn, wenn er da ist und mit ihr schreiben möchte, zu schreiben: „ Ja, ich bin da." Zu unserem großen Erstaunen meldete er sich sofort und schrieb, „Ja ich bin da".
Hier ein Auszug von dem ersten Kontakt: ***Frage:*** Bist du der Aufgabe noch gewachsen? **Gott:** Ich habe Probleme mit den Menschen bekommen. Sie verändern sich sehr, aber nicht in meinem Sinn. Ihr solltet nicht so viel an das Geld denken! ***Frage:*** An was sollen wir denken? **Gott:** Ihr solltet an die Liebe denken, sie geht verloren unter den Menschen wegen des Geldes! So entstand ein reger Kontakt mit Gott. Viele Diskussionen wurden aufgeschrieben und sollen zu einem späteren Zeitpunkt veröffentlicht werden. Bei einem dieser Kontakte kam die Vorstellung, den Menschen Botschaften von Gott mitzuteilen, in denen er aus heutiger Sicht zu gewissen Themen Stellung nimmt. Immer wieder ist es ein Wunder, wie schnell Gott meine Frau seine Meinung schreiben lässt. Auch hat er mitgeteilt, dass er den Menschen noch viel zu sagen hat und dieses durch meine Ehefrau Monika Beyersdorf-Morig aufschreiben lässt.

Ich wünsche allen Lesern, dass die Botschaften ihnen im Leben, helfen. **Gott ist immer und für ALLE da!**

Gerd Morig

Gerd Morig

Geburtstagskarte von Gott für Monika Beyersdorf-Morig geschrieben mit Gott am 11.07.2015

Was für eine Ehre, dir liebe Monika, heute eine Geburtstagskarte zu schreiben.

Für dich ist es genauso ein Wunder wie für mich. Ich habe dich lange beobachtet und weiß was für ein besonderer Mensch du bist. Darum gratuliere ich, Gott, dem Menschen heute, der es verdient hat mit mir zu schreiben.

Daran kannst du schon erkennen, wie wertvoll du für mich bist. Ich sage als dein Gott: „Danke, dass es dich gibt!"

Leider gibt es von diesen Menschen, wie du einer bist, nicht so viele. Warum, das kann ich dir sagen. Dein Bewusstsein ist sehr vorbildlich und deine Eigenschaften als Mensch sind uneigennützig. Du würdest dein Letztes geben, ohne nachzudenken. Dein Herz ist groß und du möchtest alle Sorgen und Nöte in dein Herz lassen. Du hast es auch immer getan. Leider haben dir viele Menschen einen Streich gespielt. Du bist immer zerbrechlicher dadurch geworden und wusstest keinen Rat mehr. Deine Seele hat ein Leben lang für das Gute gekämpft, trotzdem stehst du nicht auf der Gewinnerliste. Von Kindheit an warst du hin und her gerissen und wusstest manchmal nicht, wie du dich retten solltest.

Aber du warst immer tapfer und hast mit 1000 Ideen dein Leben verschönt. Du hast dir deine Freude gesucht mit Fleiß und Liebe. Selbst deine schwere Krankheit, die dir bald dein Leben gekostet hätte, hast du tapfer und mit viel Liebe und Beten gemeistert. Du hast im Bett gemalt und gedichtet, wo du es wieder konntest. Viele Menschen in Feldberg waren gerührt von deiner Krankheit. Deine Freunde standen zu dir. Dein Leben lang hast du die Hoffnung gesucht und findest sie auch. Das hast du immer wunderbar gemeistert.

Dein Glaube an mich hat dir deine Wege gezeigt. Du bist sie tapfer gegangen, aber auch mit vielen Tränen.
Du wolltest immer das Beste.
Du hast gekämpft wie eine Unbesiegbare. Trotz Tränen hast du dich nicht besiegen lassen. Du warst immer mutig und hast neue Wege gesucht und mit meiner Hilfe gefunden. Wir haben gemeinsam deinen Weg immer freigeräumt. Dann hast du mit neuem Mut und Tatendrang deine Ziele verfolgt.
Dann hast du unseren Gerd kennengelernt, du weißt, er ist vom Himmel geschickt. Ihr Beide seid genau die Richtigen für das Buch „ 365 Botschaften von Gott“.
Ihr habt damit begonnen und führt es mit wahrer Begeisterung zu Ende. Ein Wunder für uns. Danke!
Wir werden dieses Wunder noch zu spüren bekommen.
Ihr wisst, ihr habt euch das verdient. Euer Leben soll ehrenvoll sein und in meinem Sinn. Ich behüte euch bis ans Ende der Zeit. Dir mein liebes Geburtstagskind, wünsche ich einen tollen Tag und viele schöne Stunden. Denke bitte daran, du bist von mir ausgesucht. Du bist fast einmalig und ich habe Achtung vor deinem Leben. Liebe Grüße an Gerdchen.

Dein dich liebender Gott.

Diese Geburtstagskarte hat mich sehr berührt und die Tränen rollten über mein Gesicht.
Gleichzeitig habe ich sehr gestaunt über diesen Inhalt.
Monika Beyersdorf-Morig

Ich habe das Glück im Herzen

Ich habe das Glück im Herzen denn ich weiß du bist hier.
Alles singt und klingt vor Freude in mir.
Ich setze mich an den Tisch und rufe „Lieber Gott bist du da,
dann schreib bitte: Ja ich bin da“
Und eh ich mich besinne, stehen die Worte auf dem Papier.
Dann sage ich zu Gott „Jetzt schreiben wir
eine Botschaft für die Menschen der Welt.“
Und Gott gibt mir 1000 Dinge ein, die ich schreibe für euch.
Er lässt mich verstehen,wir müssen gemeinsam die Wege der Liebe gehen.
Die Wege der Liebe müsst ihr nun lernen.
Denn Bosheit und Hass hat keinen Platz,
wenn ihr gemeinsam, sie nicht in eure Herzen lasst.
Ihr fühlt dann das Glück und den Frieden in euch.
Euer Herz ist erleichtert und ihr wisst genau,
Gott macht uns glücklich wenn wir den Glauben verstehn.
Er wird mit uns über 1000 Brücken des Lebens gehn.
Er zeigt uns den Weg der Geborgenheit
und lehrt uns, geht nicht den Weg zu weit.
Streit und Sorgen könnt ihr begegnen,
sie helfen euch nicht und bringen euch Leid.
Nur, wenn ihr Gott ruft auf all euren Wegen
werdet ihr Ruhe und Frieden erleben.
Wenn ihr das Schicksal möchtet lenken,
dann ist sehr viel zu bedenken.
Das Schicksal steht auf festen Boden und ihr steht mittendrin.
Dreht euch und schaut, überall ist eine Entscheidung aufgebaut.
Sie macht es euch schwer, aber hört auf das Herz.
Nur wenn es singt und klingt, geht ihr dem Glück entgegen.
Bestimmt euren Weg.
Gott und der Glaube ist die größte Macht,
denn sie strahlt Liebe aus und gibt euch Kraft.
Er reicht euch die Hand und liebt euch alle,
denn Liebe wird die Welt verändern.
Und um die Erde wird es klingen.
Der Friede und die Liebe sie liegen sich im Arm
und tanzen um die Erde, uns wird ums Herz ganz warm.
Lieber Gott ich danke dir für deine Mühe mit mir.
Jede Botschaft ist ein Schatz.
Ich weiß du bist da, immer und für jeden Menschen.
DANKE!

Monika Beyersdorf-Morig
Mai 2015

Einleitung
für Gott

Lieber Gott,
ich bitte dich um Botschaften für 365 Tage.
Vor jeder Botschaft werde ich mit dir reden und dir meine Themen übermitteln.
Wir brauchen neue Richtlinien für die Welt
und für die Menschheit.
Wir brauchen bessere Regeln, die viel aussagen
und deutlich sprechen.
Die Menschen sollen sie verstehen und annehmen
und sie sollen um die Welt gehen!
Liebe, gutes Miteinander, Frieden und
Verständnis für alle Generationen der Länder.
Keinen Hass und keine Ungerechtigkeit zwischen
Arm und Reich.
Keiner soll sterben, weil er arm ist.
Keine Macht und Zerstörung über die Weltkultur.
Menschen sollen nicht hungern.
Tiere sollen nicht gequält werden.
Bäume nicht für Profit abgeholzt werden.
Die Natur soll atmen können.
Die Welt soll erblühen in ihrer ganzen Pracht und Farbe.
Keiner hat das Recht etwas zu zerstören.
Unsere Welt gehört allen!
Leid und Schmerz sollen in ihrem ganzen Ausmaß
gelindert werden.

Monika Beyersdorf-Morig

Einleitung
von Gott

Ja, ich bin da.

Ich werde mit dir schreiben, denn es ist wichtig den Menschen meine Botschaften zu übermitteln.
Ich habe deine Einleitung gehört.
Sie gefällt mir und wir werden gemeinsam ein Buch schreiben für 365 Tage.
Ich werde versuchen, alles verständlich zu machen.
Die Welt muss sich verändern und dabei kann nicht nur ich helfen, sondern in erster Linie der Mensch.
Er sollte sich ändern und sein Bewusstsein schulen.
Die Zeit war noch nie so reif wie heute.
Ich danke dir für deine Arbeit mit mir.
Sie ist positiv und in meinem Sinn.
Ich verspreche dir, mein Bestes zu geben.
Ich sage Danke!

In Liebe
dein Gott

1
Lieblos

<u>Botschaft von Gott</u>

Ja, ich bin da.

Lieblos sein, ist eine Eigenschaft, die ihr Menschen an euch selber nicht merkt. Ihr merkt nur die Probleme, die ihr mit den Menschen habt und wisst nicht, dass ihr sie mit eurer negativen Energie heraufbeschwört. Ein böser Ton verdirbt eine Unterhaltung. Wer hat es denn gerne, so behandelt zu werden? Einen Menschen vernünftig zu unterhalten, dafür benötigt ihr Fingerspitzengefühl, sonst tretet ihr in ein Fettnäpfchen. Eigentlich solltet ihr Menschen es im Laufe des Lebens lernen, dass ihr Fehler nicht wiederholt. Leider ist es aber nicht so. Das Feuer scheint euch immer wieder zu gefallen. Euer Gott möchte euch helfen und sagt: „Verbrennt euch nicht, es könnte wehtun." Kleine Kinder werden von lieblosen Eltern traurig gemacht, sie weinen viel und möchten geliebt werden. Passt auf die Kinder auf, liebe Menschen.
Sie sind ein kostbares Gut und haben es verdient, geliebt zu werden. Eines Tages gehen sie ihren eigenen Weg und zeigen, wer sie sind und was sie gelernt haben.
Lasst eine Kinderseele nicht verkümmern, sie rächt sich auch mit Lieblosigkeit und die Welt wird davon nicht besser.
Lernt Liebe zu geben!

In Liebe
euer Gott

2
Geborgenheit

Botschaft von Gott

Ja, ich bin da.

Sich in der Geborgenheit befinden, bedeutet für euch Menschen, ein tiefes Glücksgefühl.
Ihr bekommt Liebe, Güte, Fürsorge, Aufmerksamkeit und viele gute Worte. Euer Gefühl sagt euch, ihr seid nicht allein oder ihr werdet nicht allein gelassen in der Not.
Der liebende Mensch schenkt euch einen Schutz in allen Lebenslagen. Ihr werdet behütet, wie es besser nicht sein kann. Liebe Menschen, ich weiß, auf der Welt wird sehr viel Geborgenheit gesucht. Die Not ist groß und die Menschen haben kein Dach mehr über ihren Kopf. Auch ein Haus schenkt Geborgenheit. Wenn es aber zerstört wurde, was dann? Hilfe suchende Mütter mit kleinen Kindern, suchen Geborgenheit. Sie haben ihr Hab und Gut verloren.
Keine Hoffnung, wo ist sie geblieben?
Sie ist fort und eine neue Hoffnung muss in eure Welt treten, die Geborgenheit schenkt und neuen Mut.
Ihr schafft es! Lasst euch helfen und betet. Ich bin da.
Der Glaube an mich gibt euch Geborgenheit!

In Liebe
euer Gott

3
Vergebung

Botschaft von Gott

Ja, ich bin da.

Wer nicht von euch Menschen vergeben kann, ist arm dran.
Wenn ihr alle vollkommen sein würdet, dann wäre die Welt in Ordnung und ich, Gott, würde mit euch zufrieden sein.
Warum ist vertragen und vergeben, so schwer für euch?
Fehler werden gemacht und ihr stellt diesen Menschen, einfach auf das Abstellgleis, viel schlimmer noch, ihr würdet aus Hass und Vergeltung, so manche böse Tat vollbringen.
Welchen Sinn hat euer Verhalten?
Ihr werdet nicht besser dadurch.
Ich muss leider mit ansehen, wie ihr Menschen, Kettenreaktionen auslöst. Nach einer bösen Tat, folgt die nächste und so weiter. Hört auf. Bitte.
Ihr seid nicht auf der Welt, um euch gegenseitig das Leben schwer zu machen. Es ergibt keinen Sinn.
Reicht einem Feind die Hand, nur dadurch wird der Stachel der Sünde gezogen. Friede auf der Erde, bedeutet auch, verstehen und vergeben können.
Ihr Menschen müsst alle noch viel dazulernen, darum habe ich euch auf die Erde geschickt. Nutzt die Chance!
Vergebt, wie auch ich euch vergebe.
Denn eines Tages steht ihr vor mir!

In Liebe
euer Gott

4
Besonnenheit

Botschaft von Gott

Ja, ich bin da.

Ein Mensch, der einen starken Willen hat und damit auch noch durch die Wand will, wird sich seinen Kopf einstoßen. Er weiß nicht, was er sich antut, denn das Leben hat bisher immer gezeigt, dass bis zehn zählen, besser ist.
Falsche Entscheidungen entstehen nur durch Oberflächlichkeit, Leichtsinn und keine Besonnenheit.
Ein Mensch, der sich nichts genau durchdenkt, wird einen Schiffbruch erleiden. Das Leben ist nicht so einfach, dass man sich alles aus dem Ärmel schütteln kann.
Besonnenheit und Klugheit, ist eine gute Kombination.
Nichts wird übereilt und jedes Detail ist sehr gut überlegt.
Keiner von euch Menschen sollte sagen, das lasse ich alles auf mich zukommen. Prüft, bevor ihr etwas wagt.
Der Dumme hat keinen Verstand und leider auch keine Besonnenheit.
Liebe Menschen, ihr habt zwar euer Schicksal, aber ihr könnt trotzdem euren Verstand einschalten.
Ich mag kluge Menschen, sie sind mir sehr nah.
Lasst mich nicht zu weit von euch fort sein, es schadet euch nur. Haltet inne, es tut euch gut!

In Liebe
euer Gott

5
Gerechtigkeit

Botschaft von Gott

Ja, ich bin da.

Ich kann nicht alles für euch tun.
Ihr Menschen müsst klüger werden, dann handelt ihr auch anders.
Kämpft für die Gerechtigkeit auf der Welt und gebt nicht auf.
Denkt an all die Kinder, die jeden Tag verhungern.
Ich helfe wo ich kann, glaubt es mir,
aber ich brauche dazu eure Hilfe.
Ich muss auch an euch glauben können.
Ihr Menschen denkt, ich mache es euch schwer,
aber ihr wisst nicht, wie schwer ihr es mir macht!

In Liebe
euer Gott

6
Ordnung

Botschaft von Gott

Ja, ich bin da.

Es ist nicht leicht für mich, die Menschen der Welt
zur Ordnung zu rufen.
Sie sind mir entglitten und wollen in vielen Fällen
ihren eigenen Weg gehen – ohne mich.
Das wird aber nicht gehen.
Sie sollen einsehen, dass ich sie auffordere mir zu vertrauen,
zu beten und mich von überall zu rufen.
Wer nicht an mich glaubt, hat es schwerer im Leben.
Ich bin da, für Menschen die einen ehrlichen Glauben haben
und ihn weitergeben!

In Liebe
euer Gott

7
Miteinander

Botschaft von Gott

Ja, ich bin da.

Hört auf mich, es wird die Zeit kommen,
da wird alles besser werden.
Die Zeit war noch nie so reif wie heute.
Eine Wende wird kommen und die Menschen werden
einsehen, dass sie so nicht weiterleben wollen.
Ihr habt viele Chancen, die ihr positiv nutzen solltet.
Ich helfe euch dabei, wenn ich sehe, ihr gebt euch Mühe.
Alles geht nur im Miteinander, seht es ein.
Kämpft und ihr werdet gewinnen.
Kämpft ehrlich und belügt eure Mitmenschen nicht!

In Liebe
euer Gott

8
Menschwerdung

Botschaft von Gott

Ja, ich bin da.

Die Menschwerdung ist von ganz großer Bedeutung.
Wie geht ihr mit dem ungeborenen Leben um.
Bitte keine Zigaretten, keinen Alkohol und keine Drogen.
Viele Streicheleinheiten und gute Gedanken für das neue Lebewesen.
Sprecht jeden Tag das Kind mit Liebe und Güte an.
Erzählt ihm von Gott.
Und sprecht immer mit ihm in gleicher Augenhöhe.
Es sieht euch dann nicht als Gefahr.
Schlagt eure Kinder nicht, sondern gebt euch Mühe ihnen alles zu erklären.
Seht das Kind mit Kinderaugen.
Es ist noch nicht lange auf der Welt und soll lernen.
Das erfordert viel Aufmerksamkeit.
Zeigt Grenzen und erzieht es zum Fleiß.
Es wird es euch eines Tages danken.
Geht nicht unordentlich mit eurem Kind um.
Viele Rechte bedeuten auch viele Pflichten.
Beherzigt das!

In Liebe
euer Gott

9
Kinder

Botschaft von Gott

Ja, ich bin da.

Die Kinder sind die Hoffnung der neuen Weltordnung.
Sie gehen eines Tages in die Welt raus und verändern mit guten Taten, Liebe, klugen Gedanken und den Gesetzen Gottes ihre Umgebung.
Sie werden immer und zu jeder Zeit ihre Eltern lieben und achten.
Alte Menschen sind was Besonderes und Wertvolles für sie.
Hilfe soll ihnen zuteilwerden.
Sie gehen mit der Natur und sich selber verantwortungsvoll um.
Sie sehen aufmerksam die Bäume, Blumen und Tiere.
Sie hören den Vögeln beim Singen zu und glauben an das Gute.
Sie lieben den Nächsten so wie sich selbst.
Sie erschaffen ein Paradies auf Erden, wo Liebe, Frieden, Hoffnung und Weiterentwicklung sich lohnen.

In Liebe
euer Gott

10
Lügen und Intrigen

Botschaft von Gott

Ja, ich bin da.

Ich habe eine große Bitte an alle Menschen der Welt.
Ihr macht die Welt nicht besser mit Lügen und Intrigen.
Die Welt wird vergiftet und ihr Menschen verliert den
Glauben an das, was wir Wirklichkeit nennen.
Soll keiner mehr Vertrauen haben?
Soll alles Leben im Chaos enden?
Wer hat dann Schuld?
Gott?
So ist es aber nicht!
Nehmt eure Gedanken zusammen und überlegt euer Handeln.
Sagt nichts, was Unruhe und Unglaube züchtet.
Ihr helft euch damit nicht.
Die Welt zerbricht an Lügen.
Besinnt euch!

In Liebe
euer Gott

11
Abrüstung

Botschaft von Gott

Ja, ich bin da.

Ihr Menschen denkt, ich soll die Abrüstung auf der Welt erschaffen.
So einfach ist das nicht.
Ich habe euch alle Möglichkeiten gegeben, ihr müsst sie nur vernünftig umsetzen.
Ihr werdet ernten, was ihr gesät habt und mit wieviel Liebe ihr darauf Acht gebt.
Ihr sollt nicht aufbauen und zerstören. Seid achtsamer.
Alles hat seinen Wert.
Vor einem Scherbenhaufen habt ihr schon genug gestanden.
Darum Finger weg vom Krieg, er schadet den Menschen!

In Liebe
euer Gott

12
Aufrüstung

Botschaft von Gott

Ja, ich bin da.

Um den Weltfrieden auf Dauer stabil zu machen,
hilft keine Aufrüstung.
Ihr schützt euch zwar damit, aber ihr provoziert eine gewaltige Welle an Gegnern.
Sie werden dann das Gleiche tun. Und das soll gut sein?
Setzt euch lieber an einen Tisch und helft euch gegenseitig.
Leider ist der Mensch schon immer gerne Sieger gewesen.
Aber er kann auch Verlierer werden.
Die Geschichte zeigt es deutlich auf. Deutlicher geht es nicht.
Ihr sollt keine Verlierer werden aber faire Gewinner sein.
Dazu braucht ihr kluge und besonnene Menschen,
die es verstehen, die Welt zu verändern.
Ihr braucht den Frieden, um in Ruhe und Liebe zu leben.
Mir gefallen keine dummen Menschen, die in der Lage sind,
die Welt zu vernichten.
Lasst euch nicht wieder etwas vormachen!
Es geht nicht um den kleinen Mann,
es geht immer um Macht!
Handelt danach - du sollst nicht töten einen anderen Menschen. Er ist genauso viel wert wie du!
Finger weg von den Grausamkeiten.
Ich helfe euch, dass eure Gedanken eine bessere Tat vollbringen. Vergesst das Beten nicht. Ich höre euch!

In Liebe
euer Gott

13
Glaube

Botschaft von Gott

Ja, ich bin da.

Ich rufe euch alle auf, mich und die Welt mit anderen Augen zu sehen.
Manche Menschen glauben, mich gibt es nicht.
Mich gab es schon immer, solange das Universum existiert.
Ich bin für euch alle verantwortlich und auch für jeden Menschen da, der an mich glaubt.
Vielen Menschen habe ich schon aus der Not geholfen.
Leider kann ich nichts dafür, wenn ich nicht gerufen werde.
Wer in der größten Not und Elend an mich denkt, mit mir spricht und ich merke er meint es ehrlich, helfe ich immer.
Denn ihr seit meine Brüder und Schwestern.
Wunder können geschehen.
Ich bin verantwortlich für Leben und Tod.
Auch der Tod hat seinen Sinn.
Manche Menschen sind hier bei mir im Universum besser aufgehoben.
Das ist schwer zu glauben, aber allen geht es sehr gut hier.
Keiner hat Schmerzen oder muss klagen.
Das Geld interessiert nicht mehr.
Durch das Geld gibt es viel Leid auf der Erde.
Sorgen, Neid und Berechenbarkeit.
Bitte arbeitet alle an euch und seid zufrieden!

In Liebe
euer Gott

14
Gesundheit

Botschaft von Gott

Ja, ich bin da.

Die Menschen sollen wissen, dass sie ihre Grenzen in all ihrem Tun finden sollten.
Keiner kann mehr Kräfte verbrauchen, wie er hat.
Eines Tages wird es dafür die Rechnung geben.
Die Gesundheit ist irgendwann verbraucht und was kommt dann? Sorgen, Ängste, Verluste und ein kaputter Körper.
Ihr jungen Menschen denkt es geht immer weiter, weiter, weiter und es hört nie auf mit der Kraft.
Viele haben sich schon geirrt.
100 Jahre zu werden, heißt auch, seine Kraft gut einzuteilen.
Alle Regelmäßigkeiten sind die Hoffnungsträger
für ein langes Leben.
Denkt positiv, betet und denkt an mich.
Ruft mich, wenn ihr Hilfe braucht.
Vergesst es nicht, die Blumen brauchen zum Leben viel Wasser und ihr auch. Wasser ist Leben.
In diesem Sinne, passt gut auf euch auf.
Ich bin da, auch wenn ihr mich nicht seht.
Ich sehe euch und alles in Liebe!

In Liebe
euer Gott

15
Heilen

Botschaft von Gott

Ja, ich bin da.

Ich reiche euch Menschen die Hand zur Heilung.
Mein Arm ist eure Antenne.
Ihr kommt mir immer näher mit der Wissenschaft, Quantenphysik und Matrixarbeit.
Immer mehr Menschen werden dadurch heilen können.
Ihr verändert die Welt zum Positiven.
Irgendwann werdet ihr glauben und vertrauen!
Es ist gut zu sehen, dass ihr klüger werdet.
Die Wissenschaft auf der Erde sucht mich.
Wie sagt man doch so schön? „Wer sucht der wird finden".
Das Universum ist groß und unendlich.
Es wird die Zeit kommen, da wird die Forschung nicht mehr zulassen, dass der Glaube fehlt.
Der Mensch wird begreifen, dass es mehr gibt als das, was wir anfassen und sehen können.
Alles wird gut, glaubt daran.
Viele Beweise sind schon erbracht.
Wir müssen auch gemeinsam die Welt erneuern.
Das schafft Vertrauen.

In Liebe
euer Gott

16
Heiler

Botschaft von Gott

Ja, ich bin da.

Liebe Menschen auf Erden ich muss euch sagen:
„ Heilung ist keine Hexerei “
Jeder gute Heiler heilt durch meine Kraft,
die ich durch den Heiler an den Hilfesuchenden weitergebe.
Meine Kraft ist unendlich, wie das Universum.
Es ist die beste Form des Heilens.
Für schlechte Menschen, die sich Heiler nennen,
habe ich nur wenig Kraft.
Darum Vorsicht, seht euch um und vertraut nicht auf
Scharlatane.
Leider gibt es auch davon genug.
Geht mit offenen Augen und Ohren durch das Leben,
denn es kann trügerisch sein.
Nicht die freundlichsten Menschen, sind immer die Besten.
Seid auf der Hut.
Kümmert euch mit großer Gründlichkeit um eure Gesundheit.
Euer Körper dankt es euch und ihr werdet glücklich und
zufrieden sein.
Betet und glaubt an mich!

In Liebe
euer Gott

17
Fleiß

Botschaft von Gott

Ja, ich bin da.

Ihr kennt bestimmt den Satz: „ Den Fleißigen gehört die Welt“ und „ Den Faulen gehört nichts “
Da steckt schon eine große Wahrheit dahinter.
Fleiß ist eine Tugend von Willensstärke, Klugheit, Freude an der Arbeit und manchmal auch Besessenheit.
Der Faule denkt nicht mal nach, er lebt in den Tag und mag keine Ordnung – Disziplin – Selbstbeherrschung und vor allem Ziele gibt es nicht. Aber klagen kann er.
Der Fleißige war schon immer der Glücklichere und der Faule der Unglücklichere.
Jeder Mensch braucht eine Begeisterung, die ihn fördert und Schritt für Schritt vorantreibt.
Das Geld sollte nicht Mittel zum Zweck werden.
Geld kann zur Machtsucht erziehen !
Es verdirbt den Charakter, wenn man damit nicht umgehen kann. Passt auf euch auf.
Das Gute wird immer siegen!

In Liebe
euer Gott

18
Neugier

Botschaft von Gott

Ja, ich bin da.

Heute kommt eine ganz besondere Botschaft.
Ich wünsche mir, das die Menschheit neugierig ist.
Ihr erweitert euren Horizont und lernt immer mehr dazu.
Manches Schlechte, werdet ihr dadurch auch ablegen.
Ihr werdet reifer und begreift wie gut es euch geht.
Schaut euch die Welt an.
Befasst euch mit den Nachrichten und hört auch, zwischen den Worten!
Lasst euch nicht belügen.
Eines Tages, kommt die Wahrheit immer raus.
Gott ist euer Zeuge. Vergesst das nie!
Im Universum ist alles gespeichert! Kein Wort geht verloren!
Passt auf euch auf!

In Liebe
euer Gott

19
Stehlen

Botschaft von Gott

Ja, ich bin da.

Es gibt Menschen, die können nicht anders. Sie sind krank!
Sie bestehlen jeden Menschen wo sie die Möglichkeit sehen.
In dem Moment der Tat, haben sie ein Hochgefühl in sich.
Danach geht es ihnen meistens schlecht.
Sie verurteilen sich, aber tun es immer wieder.
Wie kann man diesen Menschen helfen?
Selbst normal darüber reden, bringt nichts.
Sie streiten es so oder so ab.
Helft ihnen über meine Antenne.
Ich werde dann versuchen, im Kopf Klarheit zu schaffen.
Diese Menschen sind ihr eigenes Opfer.
Das ist traurig genug. Manchmal brauchen sie auch Geld und stehlen es aus Handtaschen. Ihr müsst immer gut aufpassen. Gebt ihnen keine Chance. Betet für sie und ruft mich zur Hilfe. Wenn die Welt besser wird und der Mensch klüger und gesünder, dann hört all diese Untat auf. Es ist eine Sünde!
Sie sollte zu Lebzeiten abgelegt werden, denn im Himmel gibt es sonst die untere Ebene der Existenz.
Im nächsten Leben müssen die Menschen dazulernen, bis sie besser begreifen.
Das ist nicht leicht!

In Liebe
euer Gott

20
Mann und Frau

Botschaft von Gott

Ja, ich bin da.

Liebe Männer, lasst nicht zu, das eine Frau oder ein Mädchen geschlagen, gedemütigt oder vergewaltigt wird.
Ich spreche euch ganz persönlich an, weil die Frauen in der heute modernen Welt, immer noch nicht viel zu sagen haben. Es hat sich schon vieles zum Guten gewendet, aber es reicht noch lange nicht aus. Viele Frauen müssen sich erniedrigen, haben keine Rechte nur Pflichten. Der Mann hat das Reden! Ein wirklich übler Zustand!
Frauen lernen auf der ganzen Welt dazu und machen sich zum Glück immer freier. Akzeptiert das, ihr lebt nicht mehr im Mittelalter! Liebt eure Frauen, Mütter, Großmütter und Mädchen. Seid Vorbild für die nächste Generation.
Ein kluges gutes Wort hat mehr zu sagen, als ein schlechter Ton. Seht nicht zu, wie andere Männer ihre Frauen erniedrigen.
Betet für die Frauen und auch für die Männer.
Ich helfe euch, die Welt zu verbessern!

In Liebe
euer Gott

21
Unzufriedenheit

Botschaft von Gott

Ja, ich bin da.

Manchmal könnte ich weinen wegen euch Menschen.
Ihr möchtet alles sofort, seid in der heutigen Zeit immer unzufriedener, bekommt nicht genug, vergleicht euch mit anderen Menschen, habt Neid und Eifersucht in euch und vergesst ganz, das normale Dasein.
Das Leben auf der Erde ist kurz.
Keine Bäume wachsen in den Himmel und keiner kann etwas mitnehmen.
Erst in der Krankheit werden die Menschen vernünftiger, weil sie merken, es gibt Grenzen und alles kann schnell zu Ende sein. Die Liebe wird oft vergessen. Hinterher, wenn alles zu spät ist und ein von euch geliebter Mensch nicht mehr da ist, seht ihr euch mit anderen Augen. Leider muss es erst soweit kommen. Lasst es nicht zu, dass ihr bereuen müsst.
Habt Achtung vor jeden kranken und gesunden Menschen.
Das freundliche Miteinander ist eine große Kunst, die ihr beherrschen solltet.
Allen geht es dann besser auf Erden.
Ich bete für euch und schicke euch Gnade!

In Liebe
euer Gott

22
Leben

Botschaft von Gott

Ja, ich bin da.

Heute möchte ich euch schreiben, wie schön das Leben ist.
Die Welt hält alle Farben für euch bereit.
Den Himmel ob blau oder grau, die Pflanzen in ihrem schönen frischen Grün, die Blüten in manch einer Farbenpracht und die Sonne, die euch golden anlacht.
Der Schnee der glänzend weiß wie Kristall funkelt und euch verzaubert.
Die Sterne in der Nacht und der Mond am Himmel,
all das ist eure Welt.
Ich habe sie für euch geschaffen, dass ihr sie behütet und bewundert.
Das ihr die süßen Früchte erntet und euch daran erfrischt.
Dankt für jede Gabe, die die Natur euch schenkt.
Die Natur ist eine Zauberin, sie verzaubert euer Leben und macht es verführerisch für euch.
Geht nicht übermütig mit ihr um, sie kann sich auch rächen.
Alles soll behütet sein, dann bekommt ihr den Dank dafür.
Hört auf mich und freut euch über jeden Morgen, den ihr erleben dürft.
Es gibt immer etwas zu bewundern, ihr müsst es nur sehen!

In Liebe
euer Gott

23
Ungewissheit

Botschaft von Gott

Ja, ich bin da.

Ich gehe heute mit euch auf eine große Reise.
Die Reise in die Ungewissheit.
Ihr Menschen kennt sie alle.
Welch ein Abenteuer, welch eine Verführung und was für einen Reiz. Alles kann so oder so enden.
Ihr wollt natürlich das Beste, ob es für euch das Beste wird, hängt von euch ab, von den Bedingungen und von der Einstellung. Seid nie übermütig. Man kann den Übermut mit dem Leben bezahlen.
Denkt klug und merkt euch, ein bisschen Angst schadet nicht, sie hilft euch den Verstand zu behalten.
Euer Abenteuer ist und bleibt ein Wagnis.
Ihr werdet mit großer Freude und Dankbarkeit am Ende der Reise eine Erinnerung behalten, die euch keiner nehmen kann.
Ich begleite euch auf jeder Reise in die Ungewissheit.
Ob ich immer helfen kann, liegt bei euch.
Vergesst es nicht, ich bin euer treuer Gefährte.
Aber ich lasse nicht mit mir spaßen, mancher Spaß geht zu weit.
Überlegt alles genau!

In Liebe
euer Gott

24
Traurigkeit

Botschaft von Gott

Ja, ich bin da.

Was ist die Traurigkeit?
Ihr fühlt euch leer und ausgebrannt.
Jeder Gedanke ist keine Freude mehr.
Sie ist genau das Gegenteil, nämlich Leid.
Ihr Menschen leidet und verzweifelt.
Etwas ist passiert in eurem Leben.
Nichts Gutes!
Verluste, Krankheit, Abgeschiedenheit und Verlassensein.
Wie geht ihr damit um?
Es ist ein schwerer Weg, wieder in die Fröhlichkeit zu kommen.
Nehmt einfach das Leben an, mit allen Schwierigkeiten.
Findet einen Weg zu euch!
Ihr seid nicht allein, auch wenn ihr das manchmal glaubt.
Ich bin bei euch. Ich sehe eure Verzweiflung.
Ruft mich, betet und vertraut mir.
Ich gebe euch neuen Mut und Hoffnung!

In Liebe

euer Gott

25
Tränen

Botschaft von Gott

Ja, ich bin da.

Liebe Menschen auf Erden, ich weiß wie es um euch steht.
Aber bedenkt, das Leben geht weiter.
Das Tal der Tränen, ist manchmal tief.
Und all die Tränen die ihr geweint habt, werden sich in Perlen verwandeln. Sie zeigen mir eure Seele, die sehr wertvoll ist.
Euer Herz ist berührt, in einem besonderen Ausmaß.
Ihr fühlt etwas!
Auch euer Herz weint, ihr seht es bloß nicht, aber ihr fühlt es.
Ich möchte, dass ihr all euren Kummer raus weint.
Hinterher fühlt ihr euch leichter.
Schämt euch nicht.
Ich bin bei euch!

In Liebe
euer Gott

26
Glück

Botschaft von Gott

Ja, ich bin da.

Es ist auf Erden so, dass ihr Menschen auf Glück wartet.
Es gibt das Glück, jeder hat es schon erfahren.
Glück kommt unverhofft in euer Leben und beschert euch eine große Freude.
Glück ist aber auch etwas Besonderes, welches ihr schätzen solltet. Teilt es gut ein und sagt: „ Danke“
Ich weiß genau wer Glück braucht und ob er es verdient hat.
Glück kann viel bedeuten.
Manch ein Mensch weiß, dass er Glück hat, wenn er etwas zum Essen hat oder gesund ist.
Auch solche Menschen gibt es, die gar nicht merken, dass sie Glück haben. Sie sehen alles als selbstverständlich an.
Können nicht mal „Danke“ sagen.
Mit meinen Augen muss ich leider viele Menschen sehen, die mit ihrem Glück unzufrieden sind. Weil sie es nicht spüren.
Liebe Menschen, lasst das Glück in euer Herz und ihr werdet merken, wie gut es euch geht.
Wunder werden geschehen mit euch.
Passt auf euch auf!

In Liebe
euer Gott

27
Zweisamkeit

Botschaft von Gott

Ja, ich bin da.

Ich sehe auf die Erde nieder und sage mir: „Wie schön, dort sind zwei Menschen, die Hand in Hand durchs Leben gehen!"
Sie halten sich fest und bauen auf sich.
Ein besseres Leben gibt es nicht.
Drum passt auf euch auf und schaut euch an,
was man aus Liebe alles machen kann. Es gelingt euch viel.
Keiner ist allein und braucht einer mal Hilfe,
springt der andere ein.
Die Zweisamkeit, ist das schönste Geschenk.
Drum vertraut auf euch und geht euren Weg.
Keinem wird es je gelingen, zwischen euch zu treten.
Ihr seid einfach stark und wunderbar.
Bis ins hohe Alter, werde ich euch begleiten.
Ich schätze euch und behüte euch.
Die Liebe wird verbinden, bis in den Tod.
Es ist eine Gnade, die keiner trennen kann.
Gemeinsam betretet ihr das Himmelstor,
denn auch im Universum, werdet ihr zusammen sein.
Ihr habt es verdient.
Ihr habt auf mich gebaut und vertraut ein Leben lang!
Ich bin glücklich, über unsere gemeinsame Treue.
Danke!

In Liebe
euer Gott

28
Krankheit

Botschaft von Gott

Ja, ich bin da.

Ich teile euch Menschen heute mit, dass jede Krankheit eine neue Chance bedeutet.
Ihr fragt euch, warum habe ich diese Krankheit bekommen.
Ihr glaubt, ich habe euch gestraft. So was tue ich nicht!
Menschen behaupten manchmal:
„Der kriegt noch seine Strafe für alles!“ Das ist nicht wahr.
Jeder Mensch ist gefährdet durch verschiedene Umstände.
Vielleicht hat er sich falsch ernährt oder nicht gesund gelebt.
Zu oft über die Stränge geschlagen mit Alkohol, Drogen, Stress und einem schlechten Tagesablauf.
Auch viele Tabletten machen krank.
Fettes Essen, zu wenig Obst und Gemüse, zu viel süße Dinge, die den Körper übersäuern.
Gesundheit fordert von euch Klugheit und eiserne Disziplin.
Jeder bekommt eine zweite Chance.
Ich helfe euch, das heißt, ich kann euch nur helfen, wenn ihr bereit seid.
Heilungen passieren auf verschiedenen Wegen.
Manchmal können sie Jahre dauern, dann braucht es seine Zeit. Gebt nicht auf!
Konsequentes Umstellen der Lebenssituation.
Viel an die frische Luft gehen. Bewegen, bewegen, bewegen.
In der Natur schöpft ihr Kraft, das Universum heilt!
Denkt positiv. Ich bin immer da!

In Liebe
euer Gott

29
Geiz

Botschaft von Gott

Ja, ich bin da.

Wenn alles auf der Welt in Ordnung wäre, brauchte sich der Mensch nicht zu ändern. Leider gibt es dumme, wie kluge Menschen die ausgesprochen geizig sind. Sie möchten alles haben, teilen nicht gern und geben nicht gern. Sie zählen jeden Tag ihr Geld und bekommen nicht genug. Sie werden auch nie genug haben. Es steckt in ihrer Natur. Manch einer gönnt sich kaum etwas, verhungert bald weil er glaubt, er gibt zu viel aus. Alle merken in seiner Umgebung was los ist, nur der Geizige nicht. Für ihn ist alles normal.
Er merkt nicht, dass andere ihr Leben genießen können.
Er sagt höchstens, der ist verschwenderisch.
Warum ist er so?
Tief in seinem Inneren ist viel Leere. Seine Empfindungen sind kalt. Nur der Besitz macht ihn glücklich.
Aber das letzte Hemd hat keine Taschen.
Lieber Mensch, wenn du merkst, du hast Ähnlichkeit damit, dann Vorsicht! Überdenke dein Tun.
Mach dir öfter eine Freude und auch den Menschen, die du schon verstoßen hast!
Eine Wärme wird über dich kommen und dein Herz auftauen!
Ich bin bei dir!

In Liebe
euer Gott

30
Mutter

Botschaft von Gott

Ja, ich bin da.

Wenn ich eine Botschaft über die Mütter abgebe, dann werde ich über eine ganz besondere Person meine Freude und mein Leid mit euch teilen. Sie ist der Mensch, der euch das Leben geschenkt hat. Wie viel eine Mutter wert ist, hängt von ihrer Liebe ab, die sie an ihr Kind weitergibt. In den meisten Fällen ist eine Mutter wie eine „Göttin“. Sie umgibt das Kind mit Liebe und Fürsorge und übermittelt Frieden. Sie ist immer und zu jeder Zeit mit ihrem Kind verbunden. Sie würde ihr Leben für ihr Kind opfern. Eine größere Liebe gibt es nicht auf Erden. Trotzdem gibt es auch Mütter, die ihr Kind nicht so lieben wie es sein sollte. Die Gründe dafür sind sehr verschieden. Das Herz einer Mutter schlägt nicht in ihrer Brust. Manche meinen ihr Kind zu lieben, aber dem Kind können sie nichts vormachen. Für das Kind kann es eine Qual bedeuten. Diese Mütter und Kinder brauchen Hilfe.Die Mütter sollten fromm werden und ihr Kind genau betrachten. Die Tränen die es weint, sehen solche Mütter leider nicht. Diese Kinder sind sehr tapfer und kämpfen um die Liebe ihrer Mutter. Solche Mütter habe ich nie gewollt und trotzdem gibt es sie. Liebe Menschen auf Erden, macht eure Augen auf und schaut. Schaut nicht vorbei. Wir wollen gemeinsam helfen, betet! Ruft mich und glaubt nicht, dass ich nur zuschaue. Geholfen hab ich genug. Ich rufe allen Müttern der Welt zu: „Liebt euer Kind wie eine Göttin“. Eines Tages bekommt ihr dafür das Gold vom Himmel. Ich bin bei euch!

In Liebe
euer Gott

31
Neid

Botschaft von Gott

Ja, ich bin da.

Jeder Neid, ist ein furchtbarer Stachel, der sich ins Fleisch bohrt. Ihr Menschen müsst darunter leiden.
Der Stachel lässt sich nicht herausziehen und die Tragik beenden.
Ihr könnt euch nur ändern, in dem euch der Neid nicht zersticht.
Lasst einfach zu, dass das Leben für euch keine Belastung wird.
Sagt euch: „Mir ist mein Leben am wichtigsten.
Ob einer schöner, reicher oder glücklicher ist, damit habe ich nichts zu tun. Ich bin ich, und nicht du."
Jeder Mensch hat ein anderes Leben.
Das ist nun mal so und die Umstände sind sehr verschieden.
Nehmt den Menschen an, ohne Neid zu entwickeln.
Neid wird euch nie gut tun.
Ich bete für euch!

In Liebe
euer Gott

32
Krieg

Botschaft von Gott

Ja, ich bin da.

Keine Botschaft ist wichtiger, als diese.
Die grausamste und furchtbarste aller Taten der Menschen ist die Kriegsführung.
Sie hört und hört nicht auf und es findet sich immer ein Grund des Hasses und des Kampfes.
Viele Menschen müssen im Krieg ihr Leben lassen.
Der Krieg hat noch nie eine gute Tat vollbracht.
Familien werden auseinander gerissen und trauern ein Leben lang.
Viele Mütter verloren mehrere Söhne.
Wo liegt da der Sinn?
Macht euch stark und lasst nie wieder einen Krieg zu.
Ich verzweifele noch mit euch Menschen!

In Liebe
euer Gott

33
Frieden

Botschaft von Gott

Ja, ich bin da.

Der Frieden lässt mein Herz höher schlagen und die Welt in einem sehr schönen Licht sehen.
Glückliche Menschen, die Freude am Arbeiten haben
und ihr Leben genießen können.
Kinder die nicht in Angst leben müssen.
Sie spielen, lernen und tanzen ohne Leid.
Eltern, die einfach sich etwas aufbauen können, ohne das Gefühl zu haben, was wird daraus.
Wie viele Häuser wurden im Krieg zerstört.
Die wunderschönsten Gebäude wurden in Schutt und Asche gelegt. Im Frieden gibt es Rücksicht und viele süße Träume.
Die Farben der Welt verblassen nicht im Rauch.
Das Leben ist bunt und alles ist Liebe.
Ja, Liebe das ist der Frieden.
Wo die Liebe regiert, gibt es keine Tränen.
Es gibt Schönheit, Klugheit, Besonnenheit und keinen Hass.
Der Frieden sollte in euch sein, das hilft der Welt weiter.
Arbeitet daran, bitte, bitte, bitte.
Ich wünsche es mir so sehr für euch.
Ich sehe auf euch nieder und werde euch helfen.
Es kommt eine bessere Zeit!
Ich liebe euch!

In Liebe
euer Gott

34
Hass

Botschaft von Gott

Ja, ich bin da.

Liebe Menschen auf Erden, diese Botschaft ist eine sehr wichtige. Es gibt in eurer Seele den Hass. Lasst ihn gar nicht erst raus. Er richtet zu viel Unheil an unter den Menschen.
Hass ist eine Eigenschaft von fast einem Raubtier.
Der Hass möchte den anderen Menschen nicht mehr sehen, hören und auch nicht begreifen.
Er würde ihn am liebsten töten. So grausam ist Hass!
Aber was bringt er euch? Was Gutes? - NIEMALS !!!
Er richtet sich gegen euch selbst und zerfleischt euch.
Ihr denkt brutal und seid nicht mehr Herr eurer Sinne.
Die Lösung heißt: Beten, in die Kirchengemeinde gehen, Menschen kennen lernen, die Menschlichkeit predigen.
Das hilft gegen den Hass.
Achtet auf euer Denken und behaltet eure Würde.
Ihr Menschen habt schon genug Unheil angerichtet.
Kehrt um und zeigt Verständnis für einen anders denkenden oder handelnden Menschen.
Seit tolerant und liebevoll.
Das Leben wird es gut mit euch meinen.
Ich glaube an euch, dass ihr es schafft!

In Liebe
euer Gott

35
Freundschaft

Botschaft von Gott

Ja, ich bin da.

Eine Freundschaft ist immer etwas ganz Besonderes.
Wer einen Freund oder Freundin hat, kann sich glücklich schätzen.
Auf einen Menschen bauen und vertrauen ist viel wert.
Freundschaften können bis ins hohe Alter erhalten bleiben, sogar bis in den Tod.
Dafür muss man selbst immer ein guter Freund sein.
Sie beruht immer auf Gegenseitigkeit.
Freunde müssen sich ehrlich die Meinung sagen können, ohne Wenn und Aber.
Es gibt keine Tabus und keine Lügen.
In der Not, ist einer für den anderen da.
Sie weint ihre Tränen mit, steht hilfreich zur Seite und tröstet wenn es angebracht ist.
Einen richtigen Freund oder Freundin findet jeder im Leben, er muss die Freundschaft nur annehmen und pflegen.
Ein guter Mensch ist dazu in der Lage. Aber es gibt auch falsche Freunde. Vorsicht vor Hinterhältigkeiten!!
Wenn eine Freundschaft erst Kummer macht,
ist sie nicht die richtige. In der Freundschaft lernt man viel und fühlt sich angenommen.
Ein guter Freund hält immer zu dir!
Alles ist gut!

In Liebe
euer Gott

36
Eltern

Botschaft von Gott

Ja, ich bin da.

Es ist eine große Herausforderung, Eltern zu sein.
Ihr Menschen gebt euch große Mühe und liebt euer Kind innig. Was aber passiert, wenn Eltern sich trennen und das Kind ist traurig und verletzt.
Eltern bekommen es nie so mit, wie das Kind leidet.
Das Kind zieht sich sehr oft zurück und geht seinen eigenen Weg. Es akzeptiert die Eltern nicht mehr wie es sein sollte.
Kommt ein anderer Partner ins Leben, dann wird es noch schlimmer. Von Glück kann man sprechen, wenn alles stimmt und der neue Partner passt zum Kind. Er wird akzeptiert.
Welch eine Erleichterung für das Kind.
Eine neue Liebe wird aufgebaut und es gibt wieder Vertrauen und Freude im Leben. Liebe Eltern, versucht immer eure Ehe zu erhalten. Kämpft um die Liebe.
Lasst den Partner nicht fallen, weil er plötzlich krank ist oder kein Geld hat.
Der beste Satz ist: Bis das der Tod euch scheidet!
Wenn das mal so einfach wäre.
Aber die Verantwortung als Eltern bleibt ein Leben lang.
Darum: „Friede sei mit euch!“

In Liebe
euer Gott

37
Großeltern

Botschaft von Gott

Ja, ich bin da.

Großeltern sein ist eine wahre Größe.
Sonne strahlt aus ihren Herzen, wenn sie mit ihrem Enkelkind zusammen sind.
Sie sind die glücklichsten Menschen auf der Welt.
Sie behüten, beschützen und lieben als Oma und Opa
ihr Großkind über alles. Sie sind sehr reif für diese Liebe.
Haben viel Zeit und opfern sie aus vollem Herzen.
Nichts wird ihnen zu viel.
Die Geborgenheit die sie ausstrahlen, überträgt sich auf das Kind. Es fühlt sich wohl, angenommen und auch ein bisschen verwöhnt. Das darf ruhig sein, denn diese Liebe ist einmalig.
Kinder, die sich im späteren Leben -wenn Oma und Opa schon sehr alt sind- kümmern und sorgen, wissen warum.
Ihre Liebe kommt zurück.
Sie helfen wo sie können und lassen sie nicht im Stich.
Dieses Vorbild gibt es nicht immer und überall.
Die Menschen sind verschieden.
Sie können auch zu Egoisten erzogen werden.
Darum, jede Liebe braucht Geben und Nehmen.
Das Kind sollte es lernen, dann kann es später damit umgehen.
Liebt mit Vernunft und Güte!

In Liebe
euer Gott

38
Geschwister

Botschaft von Gott

Ja, ich bin da.

Wie schön und wie aufregend ist es mit Geschwistern aufzuwachsen.
Es ist auch Liebe und Unzertrennlichkeit, die man teilt.
Trotzdem sind Geschwister sehr unterschiedlich.
Manchmal glaubt man kaum, dass sie aus einer Familie stammen.
Jeder hat einen anderen Charakter in die Wiege gelegt bekommen.
Sind sie zu verschieden, kann es Reibereien geben.
Das lässt sich nicht vermeiden.
Im Erwachsenenalter, wenn jeder seinen Weg geht, ist es einfacher.
Man sieht sich kaum und wenn, dann freut man sich.
Es gibt auch Trennung unter Geschwistern.
Da sind tiefere Gründe zu suchen.
Erbschaften, Neid oder kein Verständnis!
Lasst die Liebe nicht wie im Wind verwehen.
Eines Tages ist alles zu spät, bereuen ist eine tiefe Kerbe ins Fleisch, darum passt auf euch auf.
Betet!

In Liebe
euer Gott

39
Vater

Botschaft von Gott

Ja, ich bin da.

Der Vater ist ein König in der Familie, er sollte sich jedenfalls so verhalten.
Er sollte die Mutter lieben, die Kinder lieben und stets ein gutes Vorbild sein.
Er sollte auf alles Acht geben, dass nichts entgleist.
Es gehört dazu, dass das Kind den Vater achtet, wegen seiner Vernunft, Güte, Liebe und nicht zuletzt wegen seiner Aufopferung für die Familie
Kinder nehmen sich oft ein Beispiel an dem Vater.
Seid ehrlich zu eurem Kind.
Es wird es euch danken.
Ehrt euren Vater im Alter!

In Liebe
euer Gott

40
Eifersucht

Botschaft von Gott

Ja, ich bin da.

Jetzt könnt ihr Menschen rufen: „Oh Gott, oh Gott!“
Es ist eine furchtbare Eigenschaft, die mit Eifer Leiden schafft. Darum bleibt ruhig und sucht nicht nach Gründen, die euer Leben zerstören können. Die Eifersucht müsst ihr besiegen. Kein Mensch hat das Recht, aus Liebe den anderen Menschen als Eigentum zu betrachten. Es geht zu weit.
Trotz Bindung und Untreue sollte man sich nichts anmerken lassen. Um die Liebe kämpfen ist sinnvoller.
Mit Eifersuchtsdramen wird das Drama geschrieben, welches böse enden kann! Hier hilft nur die Vernunft!
Macht der andere Partner weiter, weiter, weiter, hilft nur noch eine klare Aussprache mit Konsequenzen.
Keiner kann sich nur für den Anderen in Liebe aufopfern und der andere Partner der laufend entgleitet, spielt sein Spielchen weiter. Einmal muss Schluss sein!
Lasst euch nicht erniedrigen, auch nicht mit Eifersucht, denn Eifersucht ist eine Erniedrigung für euch selbst.
Passt auf euch auf!

In Liebe
euer Gott

41
Sieger

<u>Botschaft von Gott</u>

Ja, ich bin da.

Das hört sich nach Fleiß, Ausdauer, hoher Disziplin, Selbstbeherrschung und guten Geist an.
Ein Sieger legt wert darauf, der Beste zu sein.
Er setzt seine ganze Kraft und Energie in die Sache, die er beherrscht. Er hat Elan und Freude am Gewinnen.
Es bedeutet ihm viel, ein besonderer Mensch zu sein, der zu hohen Ehren kommen kann.
Die Leidenschaft treibt ihn zu immer höheren Zielen.
Er kämpft fair und weiß, dass er nicht allein Sieger werden will. Die Konkurrenz ist immer da und jeder versucht, sein Bestes zu geben. Einer kann nur Sieger werden.
Diese Ehre, die ihm zuteil wird, ist seine Errungenschaft, auch in harten Zeiten. Er hat nie aufgegeben und immer sein Ziel verfolgt. Er wurde belohnt.
Nicht zuletzt auch durch seinen Glauben an mich.
Der Glaube gibt Kraft, heilt und zeigt Wege auf, die dich zum Sieger machen können.
Ich liebe diese besondere Energie!

In Liebe
euer Gott

42
Verlierer

Botschaft von Gott

Ja, ich bin da.

Wie kann ein Mensch ein Verlierer werden?
Er hat es bestimmt nicht gewollt.
Viele Umstände, führen auf den Weg zu einem Verlierer.
Krankheit, Trauer, Verzweiflung, Lustlosigkeit, sich verloren fühlen, aufgeben oder einfach sich selbst nicht mehr richtig zu lieben. Umstände von Betrug gibt es leider auch, keinen guten Tag haben und manchmal auch nicht genug aufzupassen.
Den Blick für das Wichtigste zu verlieren.
Dafür haben viele Menschen kein Verständnis.
Als Verlierer kann man eines Tages isoliert leben.
Viele ziehen sich zurück. Leider ist es so!
Immer zählt die Größe und der Mensch sieht leider oft nur alles oberflächlich.
Er will nichts mit Verlierern zu tun haben.
Das tut oft weh und führt in den Abgrund.
Ein Verlierer, sollte sehr auf sich aufpassen.
Mit Hilfe von Geborgenheit und Fleiß wird alles gut.
Ich, Gott, mag es, wenn du neu beginnst.
Es ist deine Rettung.
Bete und sprich mit mir.
Ich unterstütze dich!

In Liebe
euer Gott

43
Gewinner

Botschaft von Gott

Ja, ich bin da.

Wie sagt man doch so oft. „Wie gewonnen, so zerronnen"
Leider ist es schon oft so gewesen.
Ein Mensch, der plötzlich einen Gewinn macht, kann oftmals damit nicht umgehen.
Er verliert bei dem plötzlichen Gewinn die Übersicht.
Darum Vorsicht!
Alles kann man haben und ist plötzlich reich und glücklich.
Aber was man nicht selber erarbeitet hat, kann zu einer Pechsträhne im Leben werden.
Ich, Gott, mag es, wenn Menschen sich etwas trauen
und nicht auf einen Gewinn hoffen.
Der kann nie im Leben kommen, alle Zeit der Welt ist verloren und nutzlos eingesetzt.
Vertraut immer nur auf euch selbst, das ist der größte Gewinn.
Seid klug und weise, denn ich mag wenn ihr nachdenkt
und auf euch baut. Das ist das beste Fundament.
Der Fleiß war schon immer ein Gewinn, den euch keiner nehmen kann. Er wird belohnt!
Ich sehe auf euch nieder und möchte, dass ihr immer klüger werdet.
Strengt euren Kopf an. Es tut euch gut!

In Liebe
euer Gott

44
Tod

Botschaft von Gott

Ja, ich bin da.

Der Tod gefällt euch Menschen nicht, aber er ist
unumgänglich. Der Tod ist nicht das Ende eines Lebens.
Es ist immer der Anfang.
Bedenkt bitte, keine Seele geht verloren.
Ihr Menschen habt viele Leben und habt dafür zu sorgen,
dass das Leben auf der Erde sich verbessert.
Ihr müsst kämpfen für das Gute, dann wird euer Geist
im Paradies belohnt.
Liebt die Menschen und helft in der Not.
Seid nicht eigensüchtig sondern selbstopfernd.
Gebt mit vollen Händen und schenkt Freude.
Ihr werdet an mir vorbei gehen nach dem Tod und ich werde
euch einteilen in gut oder böse, in fleißig oder faul.
Ihr werdet neu geboren und werdet eure Fehler aufarbeiten.
Viele Menschen leben hier in einer schon hohen Ebene,
sie sind mir sehr nah und sehr lieb.
Leider gibt es hier auch tiefere Ebenen.
Diese Lebewesen müssen noch viel lernen.
Sie sind noch zu unreif.
Sie gehen auch wieder auf die Erde, wie in eine Schule.
Ihr Zeugnis soll sich verbessern.
Darum lebt im Bewusstsein mit mir.
Es lässt sich dann leichter sterben und wieder leben.
Lebt in meinem Geist und ihr werdet das Paradies erleben
in all seiner Pracht. Nur der gute Mensch kommt weiter!

In Liebe,
euer Gott

45
Sterben

Botschaft von Gott

Ja, ich bin da.

Sterben, ist eine der traurigsten Botschaften.
Ihr müsst loslassen, von allem Irdischen.
Keine Macht der Erde kann euch helfen, wenn eure Zeit gekommen ist.
Ihr Menschen werdet leiden, jeder anders.
Aber das Sterben fällt euch leichter, wenn ihr an mich glaubt.
Ich bin euer Erretter.
Ihr werdet in eine große Leichtigkeit fallen und merkt wie die Erlösung kommt.
Ihr müsst sterben, weil ein anderes Leben auf euch wartet.
Schmerzen vergehen und ein Licht wird euch leuchten.
Es führt euch zu mir.
Ich bin bei euch, immer!

In Liebe
euer Gott

46
Trennung

Botschaft von Gott

Ja, ich bin da.

So einfach ist keine Trennung.
Aber ihr Menschen könnt nichts festhalten.
Jedem wird eines Tages ALLES genommen.
Es ist das Leben.
Was euer Herz aufgebaut hat, nehmt ihr überall mit hin.
Es geht nie verloren.
Das ist euer größter Schatz.
Selbst die Trennung von einem geliebten Menschen ist nicht so schwer, wenn die Herzen auch im Tode noch verbunden sind.
Achtet auf eure Liebe und auf euer Herz.
Beides trennt nie!

In Liebe
euer Gott

47
Himmel

Botschaft von Gott

Ja, ich bin da.

Der Himmel hat schon immer eine große Macht ausgestrahlt. Er ist für die Menschen unerreichbar, weil es kein Ende gibt. Im Himmel oder im Universum verbirgt sich alle Energie, die ihr Menschen auf der Erde benötigt.
Ihr habt schon viel gelernt vom Universum, aber ihr könnt noch viel mehr lernen.
Die Unendlichkeit hat auch unendliche Möglichkeiten.
Alles ist vorhanden, auch wenn ihr es nicht anfassen oder sehen könnt. Wer weiter forscht, wird klüger werden.
Was den Himmel so übermächtig macht, sind die Sterne, die Sonne, der Mond, die Wolken und der Regen, Schnee, Gewitter, Sturm und Naturkatastrophen.
Ja der Himmel herrscht über euch.
Ihr liebt ihn aber trotzdem, denn wenn die Sonne scheint und die Welt ruhig ist, dann bekommt ihr viel Energie.
Sie hilft euch und anderen Lebewesen, wie auch Pflanzen, zu gedeihen. Die Menschen haben schon immer gerne zum Himmel geschaut. Viele Rätsel gibt er euch noch auf.
Gott sei Dank!

In Liebe
euer Gott

48
Bäume

<u>Botschaft von Gott</u>

Ja, ich bin da.

Bäume sind ein Wunder der Natur.
Sie sehen gewaltig aus und könnten Geschichten über Jahrhunderte erzählen.
Sie spenden Schatten und geben Sauerstoff ab.
Unser Leben wird durch Bäume verschönt.
Sie reihen sich zu einer Allee oder wachsen irgendwo in der Natur zu einem Kunstwerk heran.
Viele Maler haben sich vom Wuchs eines Baumes inspirieren lassen.
Die Menschen stehen und staunen, wenn sie einen uralten Baum sehen. Märchen könntet ihr darüber schreiben.
Wie die Feen und Elfen in der Nacht um den Baum tanzen.
So mancher Zauber liegt darin versteckt.
Ein Baum ist sehr wertvoll und sollte auch so behandelt werden. Er ist auch ein Lebewesen in eurem Universum.
Legt euch an einen schönen Sonnentag unter einen Baum, ihr hört ihn rauschen und es klingt wie eine Melodie.
Selbst die Vögel ruhen sich auf den Baum aus.
Nutzt die Natur zur Erholung. Jeder Baum spendet Kraft.
Und denkt daran, auch er möchte geliebt werden, so wie ich!

In Liebe
euer Gott

49
Tiere

Botschaft von Gott

Ja, ich bin da.

Die Tiere sollten für euch eine großes Heiligtum sein.
Ich habe sie für euch geschaffen, damit ihr sie liebt.
Sie dienen euch auch für die Ernährung.
Denn ihr Fleisch gibt Kraft für den neuen Tag.
Tiere können auch gute Freunde und Beschützer sein.
Sie lieben ihren Halter und stehen treu zur Seite.
Achtet auf Krankheiten und helft dem Tier so gut ihr könnt.
Leider müssen Tiere in der heutigen Zeit genauso unter materieller Macht leiden, wie ihr Menschen.
Da das Geld so wichtig geworden ist in den verschiedenen Seelen, hat die Liebe zu wenig Platz.
Der Mensch wird ausgebeutet und das Tier auch.
Schlechtes Fleisch durch Massentierhaltung bekommt ihr geliefert. Die Tiere werden gequält, und sie sind sehr unglücklich. Was denkt ihr habgierigen Menschen euch nur dabei? Eure Gier, bringt euch noch um.
Es hat doch alles seinen Preis. Ihr esst schlechtes Fleisch und werdet krank oder müsst sogar daran sterben.
Die vielen Medikamente, die die Tiere bekommen, nehmt ihr alle in euch auf. Viele Menschen mögen kein Fleisch mehr essen. Kehrt zurück zur Natur. Ich sage euch, so geht es nicht weiter! Betet für die Tiere und liebt sie!
Es muss anders werden!

In Liebe
euer Gott

50
Unglück

Botschaft von Gott

Ja, ich bin da.

Das Unglück gab es schon zu allen Zeiten.
Es kommt von einer Minute zur anderen.
Es überfällt den Menschen aus den tollsten Träumen.
Es bringt Tod, Sterben, Leid, Sorgen, Verluste und Schmerzen. Jeder fragt sich dann: „Wo war Gott?“ Ich war nicht dabei. Wie kommt dass?
Es ist das Schicksal, was da plötzlich um sich greift.
Ihr werdet es nicht verstehen wollen, aber es ist so.
Dieses Schicksal wurde euch in die Wiege gelegt.
Daran darf ich nur rütteln, wenn ihr mich ruft und ich im Buch des Lebens stehe.
Es liegt alles fest und steht in eurem Buch.
Von Geburt bis zum Tag des Todes.
Ihr könnt aus eurem Schicksal aber versuchen, das Beste zu machen.
Wenn ihr schon sehr früh, als Kind, Jugendlicher oder Mensch im besten Alter, die Erde verlassen sollt, so hat das seinen Sinn. Im Himmel werdet ihr für andere Aufgaben gebraucht.
Ihr seid für eure Angehörigen niemals fort, nur an einem anderen Ort. Ihr lebt immer und immer wieder weiter!
Lasst euch rufen und alles ist gut.
Lebt mit eurem Schicksal und betet für eine zweite Chance.
Ich liebe euch!

In Liebe
euer Gott

51
Blumen

Botschaft von Gott

Ja, ich bin da.

Blumen haben die Farbenpracht der Natur.
Ihr findet sie in verschiedenen Formen, Farben und Gerüchen.
Eine Blume verzaubert den Menschen in seinem Gemüt.
Die Seele wird erweitert und die Sinne werden auf das Höchste erfreut. Wenn ihr eine Blume in der Hand haltet, dann habt ihr den Geist der Schönheit im Besitz.
Ein Blumenstrauß in verschiedenen Farben, lässt euer Herz höher schlagen. Freude, Fröhlichkeit und Sinnlichkeit strahlt aus ihm hervor. Ihr könnt dankbar sein über so eine Vollkommenheit. Von der Knospe bis zur Vollendung der Blüte, bietet sie uns ein Bild der Romantik.
Viele Maler haben die verschiedensten Blumen gemalt.
Sie wurden festgehalten auf Fotos, auf Stoffe und als Schmuck. Blumen werden gestreut zur Hochzeit, oder es werden die tollsten Gestecke hergestellt für den Weg ins Paradies. Viele Menschen haben eine Lieblingsblume.
Denkt daran, jede Blume, auch die am Wegesrand, ist schön.
Zertretet sie nicht! Blumen können auch weinen.
Sie möchten geliebt und gepflegt werden.
Sie sind ein Lebewesen.
Dankt der Natur für diesen Schatz und behütet ihn!

In Liebe
euer Gott

52
Wind

Botschaft von Gott

Ja, ich bin da.

Ihr Menschen sagt so schön:
„Der Wind, der Wind, das himmlische Kind“
und damit habt ihr genau den Punkt getroffen.
Diese Himmelsmacht ist genau wie ein Kind.
Still, ruhig, sanft, verträumt, temperamentvoll, bockig, zornig und überaus launisch.
Ganz plötzlich kommt er über euch.
Er kann euch viel antun.
Er reißt Bäume um, deckt Häuser ab, lässt die Meere überfluten und erschlägt Menschen.
Ein Kind können wir bändigen, aber der Wind lässt sich nicht besänftigen.
Er ist wild und muss sich austoben.
Erst dann wird er wieder friedlich.
Seid achtsam vor dem Wind, es ist eine Gewalt, die ihr nicht einschätzen könnt.
Aber es gibt ihn nun mal, alles hat seinen Sinn.
Aus dem Wind könnt ihr viel gewinnen, wie Strom.
Passt auf euch auf!

In Liebe
euer Gott

53
Regen

Botschaft von Gott

Ja, ich bin da.

Regentropfen die an dein Fenster klopfen.
Sie können eine gewisse Romantik verbreiten.
Der Regen ist eine sehr wichtige Perle für euch.
Ohne ihn könnten keine Pflanzen leben.
Alles würde austrocknen.
Aber was ist, wenn der Himmel euch zu viele Perlen schickt?
Auch nicht gut.
Dann treten die Flüsse über und der Mensch hat Not
mit dem vielen Wasser.
Eure Staudämme reichen dann oft nicht mehr aus.
Auch das Gute kann sich zum Schlechten entwickeln.
Ein großes Problem!
Ihr könnt nur hoffen und beten, das alles gut geht!

In Liebe
euer Gott

54
Leichtsinn

Botschaft von Gott

Ja, ich bin da.

Kennt ihr Menschen, den Mann ohne Kopf?
Ich sage euch, das ist der leichtsinnige Patron.
Er braucht eigentlich keinen Kopf, darum heißt er so,
weil er ihn so und so nicht benutzt zum Nachdenken.
Er macht alles wie im Spaß und schüttelt sich das Unglück aus dem Ärmel. Und was ist nun passiert?
Vieles kann passieren!
Er staunt selber und denkt, er hatte kein Glück!
Dabei hatte er keinen Verstand.
Ein leichtsinniger Mensch sucht nicht den festem Boden,
sondern das untergehende Schiff.
Er möchte vieles ausprobieren und alles mit Risiko.
Er nimmt keine Lehren an, hat keine Angst und denkt er ist der Größte. Dabei schütteln viele den Kopf und er merkt es nicht einmal. Erst wenn ein großes Unglück passiert ist,
wenn er es noch überlebt, wird er ruhiger und nachdenklicher.
Muss es erst so weit kommen?
Liebe Menschen, legt auch mal das Glück und das Pech
auf die Waagschale, ihr werdet sehen, dass es euch einen
anderen Wert zeigt.
Besser ist Vordenken als Nachdenken.
Einmal ist alles zu spät.
Ich kann das nicht unterstützen!

In Liebe
euer Gott

55
Schicksal

Botschaft von Gott

Ja, ich bin da.

Bei jeder Geburt muss man wissen, dass der Anfang auch ein Ende hat.
Ihr werdet in die Wiege gelegt und mit euch euer Lebensweg.
Euer Schicksal!
Ich kann euch nur sagen, jeder Mensch hat ein Buch des Lebens hier im Himmel.“ In dem Buch steht euer Weg.
Menschen denen ihr begegnen sollt und von denen ihr euch wieder trennt. Krankheiten, Eltern, Kinder, Städte, Straßen, Tiere, Pflanzen, Traurigkeit, Freude, Geburt und Tod eines lieben Menschen.
Der Tag eures Todes steht auch fest.
Dieses Buch des Lebens wird 50 Jahre vor eurer Geburt geschrieben. Es ist ein Wunderwerk.
Ich darf da nicht eingreifen, nur wenn ich mit drinnen stehe.
Trotzdem darf ich heilen. Ihr ruft mich, und ich versuche mein Bestes. Was ich darf, wenn Menschen mich rufen, mir das Buch des Lebens vornehmen und etwas korrigieren.
Dafür brauche ich Zeit und muss euch genau beobachten.
Ich beschäftige mich mit euch dann!
Vielen habe ich schon so geholfen.
Der feste Glaube kann euch einen besseren Weg aufzeigen, wenn ich bereit bin.
Also, das Schicksal lässt sich korrigieren.
Ich liebe euch!

In Liebe
euer Gott

56
Treue

Botschaft von Gott

Ja, ich bin da.

Treue ist eine Tugend der besten und glücklichsten Menschen auf der Welt.
Ein treuer Mensch macht seine Umgebung glücklich!
Er ist verlässlich, hält seine Versprechen und möchte Gutes tun. Er ist ein treuer Ehemann, der seine Familie zusammen hält. Er belohnt sein Leben, mit seinem Verhalten.
Es wird ihm gedankt und er wird nie alleine sein.
Seine Liebe wird erwidert.
Viele Menschen mögen einen verlässlichen Freund und Partner. Aber Vorsicht, nutzt solche Wesen nicht aus, ihr könntet es bereuen.
Viele gibt es davon nicht. Leider werden es immer weniger.
Ihr Menschen habt leider schon die Erfahrung machen müssen, dass ihr im Guten nicht weiter kommt.
Und was passiert dann? Ihr dreht euch und erreicht euer Ziel.
Oft wolltet ihr gar nicht so sein. Das Leben zwingt euch.
Lasst euch nicht davon beeinflussen.
Der Weg ist lang und steinig, aber am Ende wird alles gut.
Ich helfe euch, eure Treue zu behalten!

In Liebe
euer Gott

57
Untreue

Botschaft von Gott

Ja, ich bin da.

Na, ich sage euch, jetzt muss hier einer gezügelt werden.
Der Untreue kann sich bloß nicht zügeln und auch nicht lassen. Er bricht aus wie ein wildes Pferd.
Wie viel Unheil er sich dabei antut weiß er nicht.
Er kann sich Kopf und Kragen brechen, aber nimmt das Risiko auf sich. Was kostet die Welt? Nichts! Sie gehört mir!
So springt er mit seinem wilden Verstand, von einem Abenteuer ins nächste. Was soll schon passieren.
Unglückliche Menschen interessieren ihn nicht, Hauptsache er ist glücklich. Solange es gut geht, ist auch alles gut. Plötzlich sage ich Gott: „Nun ist aber Schluss mit dem Spaß, jetzt wird das Leben ernst.“
Der Untreue kann sich ändern, wenn alles langweilig wird.
Auf einmal ist er ein liebevoller Ehemann und Vater.
Er hat sich ausgetobt. Ob es so bleibt, wer weiß das.
Ich wünsche es mir und hoffe, das alles gut wird.
Von wo der Wind weht, hängt von der Natur ab.
Ich bin bei euch!

In Liebe
euer Gott

58
Alter

Botschaft von Gott

Ja, ich bin da.

Es ist für jeden Menschen eine Ehre, alt zu werden.
Das Alter hat viele Vorteile.
Der Mensch wird weiser, er wird ruhiger und bekommt ein stärkeres Bewusstsein für das Leben um sich herum.
Ein alter Mensch kann viel durchgemacht haben.
Krankheiten, Leid, Kriege, Verluste und Ängste.
Er ist sensibler geworden und kann alles besser einschätzen.
Er ist dankbar für das Alter, welches ich, Gott, ihm geschenkt habe. Er weiß auch, wenn er gehen muss von dieser Erde, dass ich sein Erlöser bin. Er ist klug und begibt sich in meine Hände. Dort fühlt er sich geborgen und gut aufgehoben.
Ihr jungen Menschen solltet das Alter achten.
Seid hilfsbereit und zuvorkommend.
Denkt daran, dass ihr auch einmal alt werdet.
Zeigt Verständnis für all die Gebrechen, die das Alter mit sich bringt. Nutzt keinen alten Menschen aus!
Lacht nicht über die Demenz.
Es ist traurig genug, alles zu vergessen.
Habt Ehrfurcht vor schneeweißen Haaren.
Ich liebe euch!

In Liebe
euer Gott

59
Jugend

Botschaft von Gott

Ja, ich bin da.

Ihr jungen Menschen denkt, die Jugend ist unendlich.
Sie ist eine schöne Zeit, die viel entdecken lässt,
aber sie vergeht sehr schnell.
Die Jugend ist wie eine Knospe die gerade dabei ist
zu entspringen.
Sie ist anmutig und unverbraucht.
Sie ist voller Energie und Tatendrang.
Es gibt so viel Neues zu entdecken.
Nutzt die Zeit und schätzt sie!
Seid nicht zu ungestüm, sondern bewahrt euch euren
Charakter.
Liebt das Leben und lasst euch von mir begleiten.
Ich zeige euch meinen Weg, der getreu nach den 10 Geboten
erfolgen sollte.
So werdet ihr unsterblich!

In Liebe
euer Gott

60
Angst

Botschaft von Gott

Ja, ich bin da.

Die Angst kann ein furchtbarer Begleiter sein.
Sie fesselt dich und lässt dich nicht mehr los.
Sie hindert dich am Leben.
Aber sie kann auch ihren Nutzen haben.
Ihr werdet nicht übermütig und lasst es auf Leben oder Tod ankommen.
Die Angst zeigt euch Grenzen.
Nur zu viel Angst, ist eine böse Macht.
Schützt euch davor.
Ruft mich, betet und kämpft dagegen an!
Diese Macht darf euch nicht besiegen.
Ich liebe euch!

In Liebe
euer Gott

61
Schmerzen

<u>Botschaft von Gott</u>

Ja, ich bin da.

Schmerzen hat schon jeder von euch kennen gelernt.
Sie sind ein gewaltiger Übeltäter.
Sie reißen, sie stechen, sie puckern, sie krampfen, sie brennen und sie können einen Menschen in den Wahnsinn treiben.
Schmerzen können euch plötzlich und unverhofft überfallen.
Sie sind immer ein Warnsignal in eurem Körper.
Achtet darauf, denn sie zeigen euch den Weg einer Veränderung.
Irgend etwas habt ihr in eurem Leben falsch gemacht.
Euer Körper zeigt euch immer die Grenzen.
Lebt gesund und denkt nicht, dass ihr nichts bekommen könnt an Krankheiten. So mancher Mensch hat sich schon geirrt.
Geht rücksichtsvoll mit euch um.
Euer Leben ist für euch sehr wertvoll.
Im Universum liegt viel Energie und Kraft.
Holt sie euch. Auch ein Arzt ist ratsam.
Den Weg zur Gesundheit müsst ihr entscheiden.
Auch Liebe kann heilen, jedenfalls ist sie schon immer heilsam gewesen.
Die Liebe ist die größte Kraft. Auch die Liebe zu mir.
Sie kann euch gesund machen, wenn ihr mich ruft.
Ich bin bei euch!

In Liebe
euer Gott

62
Hoffnung

Botschaft von Gott

Ja, ich bin da.

An die Hoffnung werden große Anforderungen gestellt.
Sie ist für die gesamte Menschheit und zuletzt auch
für mich, eine Zuversicht.
Sie trägt euch durch euer Leben. Sie hört nie auf zu existieren.
Sie tröstet euch in schweren Zeiten. Sie macht das Leben
leichter. Überall begegnet ihr der Hoffnung.
Ihr könnt euch auf sie draufsetzen und sie trägt euch,
wie eine Feder so leicht, durch den Tag.
Sie singt euch eine Melodie vor und strahlt in allen Farben.
Ihr bekommt ein Hauch von Glückseligkeit geschenkt.
Liebe Menschen, in der größten Not ist die Hoffnung bei
euch. Nehmt sie an und lebt mit ihr.
Sie ist euer Beschützer, in Krankheit, Not, Traurigkeit und
Kummer. Mit der Hoffnung scheint die Sonne wieder und ihr
lasst sie in euer Herz. Es ist überwältigend. Glaubt an sie und
sie kommt. Ich hoffe für euch, dass ihr nie die Hoffnung
verliert. Alles soll besser werden für euch.
Keine Kriege, keine Hungersnot, keine Naturkatastrophen
und keine Ausbeutung.
Die Liebe und die Hoffnung fassen sich an die Hand
und sind gemeinsam stark.
Sie zeigen euch Menschen den richtigen Weg.
Geht ihn, ich helfe euch dabei. Betet, ich bin da!

In Liebe
euer Gott

63
Hochmütigkeit

Botschaft von Gott

Ja, ich bin da.

Es gibt leider Menschen, die meinen die größten zu sein.
Sie tragen den Kopf hoch, als tragen sie eine Krone.
Ihre Gedanken sind nicht gut, wenn es um andere Menschen geht. Andere Menschen sind faul, dumm und haben sehr viele falsche Einstellungen. Der Hochmütige glaubt nur an sich.
Er nimmt kein Blatt vor den Mund.
Andere Menschen zu erniedrigen ist seine größte Stärke.
Mann sagt nicht umsonst, Hochmut kommt vor den Fall.
So ist es und so wird es sein.
Er ist nicht mal so schlau, zu wissen, was er für ein dummer Tor ist. Seine Freundschaften zerstört er, seine Frauen erniedrigt er. Seine Eltern sind nebensächlich und seine Kinder sind wertlos.
Es wird der Tag kommen, da wird der Hochmütige seine Krone verlieren. Er schweigt, er ist allein und er bekommt plötzlich Angst vor sich selbst. Etwas muss geschehen!
Was, das weiß er nicht. Da fehlt ihm der 6. Sinn.
Er kann sich nicht alleine retten. Er braucht Menschen.
Wo sind sie geblieben? Alle vertrieben?
Erbarmt euch seiner Seele und lehrt ihm zu verstehen.
Die Zeit ist reif! Er hört euch zu, was für ein Wunder!
Das Gute hat gesiegt!
Ich bin bei euch!

In Liebe
euer Gott

64
Gutmütigkeit

Botschaft von Gott

Ja, ich bin da.

Diese uneigennützigen Menschen gefallen mir.
Sie sind auf allen Gebieten eine Seele von Stärke und Reinheit. Sie lieben die Menschen und wünschen keinem etwas Schlechtes. Sie opfern sich auf und sind zu jeder Zeit bereit da zu sein, Mensch zu sein und ihre Zeit mit „Hilfe in der Not "zu verbringen. Es ist ihnen eine Genugtuung, Gutes zu tun. Es liegt in ihrer Natur und man könnte sagen,
sie sind die „Engel der Erde". Keine Macht der Welt ist stärker. Solche Menschen brauchen wir überall, damit die Erde vollkommen wird.
Sie verwandeln die Erde in ein Lichtermeer und das Leben wird schöner um uns herum.
Diese Gutmütigkeit schafft einfach ein gutes Gefühl.
Nehmt es nicht als Selbstverständlichkeit.
Ein Engel muss behütet werden, dass solltet ihr wissen.
Liebt seine Wärme und sein Licht, damit es nie aufhört zu leuchten. Haltet ihn ganz fest und seid im Glauben einer übernatürlichen Macht.
Werdet selber ein Engel und geht so in die Ewigkeit!

In Liebe
euer Gott

65
Dankbarkeit

<u>Botschaft von Gott</u>

Ja, ich bin da.

Mit der Dankbarkeit ist das so eine Sache.
Der Mensch erwartet viel für seine Taten, aber auf Dankbarkeit warten, sollte er lieber lassen.
In der heutigen Zeit ist so vieles Selbstverständlichkeit geworden, dass es kaum noch Dankbarkeit gibt.
Die Dankbarkeit geht verloren und jeder erwartet sie.
Sucht sie in der vergangenen Zeit.
Nach den Kriegen, da waren die Menschen dankbar für fast alles. Für ihr Leben, für ein bisschen Brot, für ein Dach über den Kopf und für den erreichten Frieden.
Überall war Dankbarkeit zu spüren.
Einer half dem anderen.
Dankbarkeit war eine Selbstverständlichkeit.
Was ist sie heute? Fragt euch das einmal.
Ihr Menschen macht mir Angst.
Auf der einen Seite ist alles im Überschuss vorhanden und auf der anderen Seite gibt es „Null".
Die Menschen haben nichts gut eingeteilt.
Es wird fortgeworfen, was andere gut gebrauchen könnten.
Besinnt euch!
Seid dankbar für das was ihr habt und seht nichts als selbstverständlich an.
Seid dankbar, wenn ihr geben könnt.
Was der morgige Tag bringt, wisst ihr nicht.
Handelt und glaubt in Dankbarkeit!

In Liebe
euer Gott

66

Depression

Botschaft von Gott

Ja, ich bin da.

Au weia, das ist sehr schlimm, eine Depression.
Sie kann euch in den Tod reißen.
Es gibt 1000 Gründe für so einen tiefen Fall.
Stress, Krankheit, Alkohol, Drogen, Verluste, Schmerzen und Einsamkeit.
Ganz einfach gesagt: „Die Welt bricht über den Kopf zusammen!"
Wie könnt ihr euch retten?
Gute Freunde, Gespräche, Ruhe, ein gesunder Lebenswandel, Sport und ein erweitertes Bewusstsein, das heißt, lesen über dieses Thema" und meditieren.
Das Universum und mich rufen.
Ich helfe euch, ich bin da wenn ich sehe, ihr gebt euch Mühe.
Kämpft um ein gesundes Leben.
Lasst es nicht einfach so fallen, es ist zu wertvoll.
Denkt daran, plötzlich können schöne Stunden kommen
und ihr steht im Licht!
Der Glaube versetzt Berge!

In Liebe
euer Gott

67
Einsamkeit

Botschaft von Gott

Ja, ich bin da.

Die Einsamkeit hat zwei Gesichter.
Sie kann schön, erholsam und gewollt sein.
Sie vermittelt Entspannung.
Das zweite Gesicht sieht aber bitter aus, denn zu viel Einsamkeit macht krank.
Bekämpft die Einsamkeit mit guten Freunden.
Sie geben euch Kraft.
Wenn ihr keine Freunde habt, sucht sie euch bitte.
Einsamkeit kann eine schleichende Depression werden.
Darum Vorsicht!
Ich bete für euch und hoffe ihr betet auch!

In Liebe
euer Gott

68
Enttäuschung

Botschaft von Gott

Ja, ich bin da.

Die Enttäuschung, schmeckt immer bitter.
Sie liegt auf der Seele und ruft nach Hilfe.
Aber es kommt keine Hilfe.
Die Verdauung, kann sehr lange dauern,
manchmal ein Leben lang, bis in den Tod.
Ihr fragt euch, was ihr falsch gemacht habt. Nichts.
Ihr findet 1000 Fragen, aber nicht eine Antwort.
Warum ist das so? Ich kann es euch sagen.
Ich, Gott, kenne die Probleme der Menschen.
Ihr Menschen liebt und habt einen festen Glauben
an die Erwiderung der Liebe.
Oftmals ist die Liebe aber sehr einseitig zu sehen.
Was einer empfindet, muss der andere nicht genauso
empfinden.
Das ist einfach so und das kann sehr hart sein.
Ihr müsst leider loslassen können, denn die Enttäuschung
wächst sonst in den Himmel. Ihr geht daran zu Grunde.
Passt auf euch auf und liebt trotzdem weiter.
Eure Liebe zählt, sie ist wertvoll.
Ich weiß es!

In Liebe
euer Gott

69
Erschöpfung

Botschaft von Gott

Ja, ich bin da.

Die Erschöpfung hat keine Kraft, sie kämpft um neue Energie.
Wo ist die Kraft und Energie geblieben?
Warum ist sie euch entwichen, aus dem Körper und den
Geist? Was ist passiert mit euch.
Habt ihr zu sehr gekämpft, um euer Leben und euren Halt?
Bestimmt!
Jetzt braucht ihr Erholung, lasst einfach die Seele baumeln
und euch verwöhnen.
Mit gutem Essen, Liebe und Zuversicht!
Alles wird gut. Ihr werdet von Tag zu Tag kräftiger
und das Leben kommt zurück.
Der Tod hat euch nicht erreicht.
Ich, euer Gott sage:
„Man könnte meinen, ihr habt ein 2. Leben bekommen."
Ich war bei euch und mit mir ein guter Engel.
Wir haben euch Energie zugeführt mit unserem Glauben an
euch. Eure Zeit war noch nicht gekommen.
Genießt sie hier auf Erden und vergesst nie diese Stunden der
Erschöpfung.
Sie zeigen euch, dass ich da war!

In Liebe
euer Gott

70
Krise

Botschaft von Gott

Ja, ich bin da.

Die Krise kann jeden Menschen treffen.
Sie liegt wie ein Felsen auf dem Körper.
Sie erdrückt ihn, nimmt ihm die Luft zum Atmen und
man hat das Gefühl, da komme ich nie wieder raus.
Ihr kommt da wieder raus.
Wenn ihr euch befreien wollt, dann lasst euch nicht gehen,
sonst werdet ihr schwach und es kann viel passieren.
Der Felsen kann nur kleiner werden, wenn ihr einen festen
Glauben an das Gute habt.
Sagt einfach jeden Tag, ich schaffe es, ich schaffe es,
lieber Gott hilf mir.
Ich werde nicht immer sofort da sein und helfen.
Ich höre euch und lese in eurem Buch des Lebens.
Dann beobachte ich euch und helfe, wenn es angebracht ist.
Gebt euch Mühe, dann gebe ich mir auch Mühe.
Ihr könnt viel erreichen und der Felsen ist plötzlich nicht
mehr da. Ihr seht ein Licht am Horizont.
Denkt bitte daran, alles geht weiter wenn wir es gemeinsam
wollen!

In Liebe
euer Gott.

71
Mutlosigkeit

Botschaft von Gott

Ja, ich bin da.

Mutlosigkeit muss nicht sein!
Ihr müsst eure Seele aufbauen, egal was euch gerade mutlos macht. Jagt die Mutlosigkeit aus dem Haus.
Stellt euch schöne Musik an und hört auf ihren Klang.
Esst etwas Gutes, was euch schmeckt und trinkt einen guten Schluck Energie, wie frische Säfte oder einen Tee.
Nehmt euch eine sinnvolle Beschäftigung vor
oder schaut einen schönen Film.
Geht durch die Stadt bummeln und beobachtet die Menschen.
Es gibt viel zu entdecken was ablenkt und auf andere Gedanken bringt.
Sucht die Schönheit der Natur oder nehmt ein Bad mit vielen Kräutern. Alles das tut gut.
Eh ihr euch verseht, ist die Mutlosigkeit fort.
Was sollte sie auch noch bei euch.
Ihr ward klug und habt vernünftig gehandelt.
So kann das Leben weitergehen.
Manchmal, muss der Mensch sich auch selber eine Freude machen. Es funktioniert.
Ich weiß es zu schätzen, wenn ihr so handelt!
Ich sage Danke und freue mich für euch!

In Liebe
euer Gott

72
Not

Botschaft von Gott

Ja, ich bin da.

Not gab es leider schon genug und wird es immer weiter geben, wenn der Mensch nicht vernünftig ist.
Not kann durch Ausbeutung entstehen.
Kinder müssen schon arbeiten für wenig Geld und ihre Eltern ernähren.
Not kommt auch zustande, durch eine große Trockenheit oder durch Überschwemmungen.
Der Sturm, kann auch Not anrichten.
Dafür kann der Mensch nichts, aber er kann sich absichern.
Viele Menschen werden in der Hungersnot geboren und werden so auch sterben.
Jetzt fragt ihr wieder, wo Gott ist? Ja, die Frage ist berechtigt.
Aber ich gebe euch Aufgaben auf, wie Spenden und Hilfsorganisationen.
In vielen Fällen, habe ich da schon eingegriffen.
Leider gibt es Menschen, die das Geld da nicht hinkommen lassen, wo die Not ist.
Das ist grausam, aber wahr. Der Mensch muss sich ändern.
Ihr dürft nicht zuschauen oder den Bedürftigen etwas fortnehmen lassen.
Helft den Flüchtlingen, sie sind auch in Not.
Gebt und helft bitte.
Bitte, bitte!

In Liebe
euer Gott

73
Sorgen

Botschaft von Gott

Ja, ich bin da.

Wie sagt ihr Menschen so?
„Sorgen können auffressen!“
Leider ist da was dran, Sorgen machen krank.
Die Angst vor dem Morgen, lassen euch erstarren.
Sie sind meistens nicht grundlos.
Es kann hinter Sorgen viel verborgen sein, wie ein krankes Kind zu haben oder selber kaum vorwärts zu kommen.
Sorgen machen einfach manchmal auch blind.
Sie hindern uns daran, aus etwas Gutem zu schöpfen.
Müsst ihr aber, weil ihr sonst zu Grunde geht.
Sorgen müsst ihr annehmen und versuchen, daraus das Beste zu machen.
Es gibt viele Wege, sucht euch den Besten aus.
Holt euch Rat und Hilfe, auch bei mir.
Danke!

In Liebe
euer Gott

74
Sünden

Botschaft von Gott

Ja, ich bin da.

Sünden haben nichts mit Gott zu tun.
Die Sünder sind einfach gottlos
Sie machen was sie wollen und nehmen auf keinen Menschen Rücksicht.
Sie töten, sie stehlen, sie missbrauchen, sie zerstören,
sie sind ein Alptraum unter den Menschen.
Sie sind wie böse Tiere ohne Verstand.
Von Liebe haben sie noch nie etwas gehört.
Die Sünden können Spaß machen.
Da denken sie noch, sie kommen nach dem Tod ins Paradies,
dass sie sich da mal nicht irren.
Das gibt es nicht für sie!

In Liebe
euer Gott

75
Zweifel

Botschaft von Gott

Ja, ich bin da.

Zweifel entstehen immer dann, wenn der Mensch etwas nicht so recht glauben mag.
Er will die Wahrheit suchen und die Zweifel begraben.
Wenn die Menschen zweifeln, ist das sehr gut, denn dann forschen sie auch. Manchmal bis in den kleinsten Winkel.
Die Wissenschaftler haben schon vieles angezweifelt und dann neue Behauptungen aufgestellt.
Wer sich mit Vermutungen zufrieden gibt, wird nie die Ungewissheit aufdecken.
Nur alleine, wenn über eine Begebenheit zwei verschiedene Meinungen vertreten werden, ist es ganz natürlich, wenn der Mensch sagt: „Hier stimmt etwas nicht."
Automatisch zweifeln wir. Wir glauben nicht alles.
Der Widerspruch ist eine Triebkraft, die dafür sorgt, dass wir immer und überall die Wahrheit wissen möchten.
Der Zweifel ist also nie verkehrt.
Jeder Fall der aufgedeckt werden muss, lässt zweifeln.
Leider lügen Menschen zu ihrem Vorteil.
Das bringt einen Haufen durcheinander.
Durch unseren Zweifel, können wir die Lüge aufdecken.
Seid immer vorsichtig mit Meinungen.
Ich bete für die gute Sache, betet ihr auch!!

In Liebe
euer Gott

76
Dummheit

Botschaft von Gott

Ja, ich bin da.

Wie ist das nur möglich, wie kann das nur sein,
ein Dummkopf ist ein armes Schwein. Warum ist er so
dumm? Weil er alles glaubt, er denkt alles ist erlaubt.
Er tappst in jede Falle und kann nicht verstehen,
dass andere Menschen andere Wege gehen.
Er lässt sich auch für dumm verkaufen, denn er ist für alles zu
gebrauchen. Er merkt keine List und weiß nicht, was das
Beste für ihn ist. Dummheit wird oftmals bestraft, aber auch
das ist nicht hart. Ihr lieben Menschen hört mal her, die
Dummheit kauft ihr nicht irgendwo, ihr findet sie auch
nirgendwo. Sie liegt in eurem Kopf versteckt,
hat nicht mal Lust, dass sie sich reckt.
So kann das doch nicht weitergehen.
Ihr solltet sehen und hören, dass der Verstand euch fehlt.
Lernt einfach zu begreifen, das Lernen ist so leicht.
Das Rechnen und das Schreiben ist eine große Macht,
sie zeigt euch, was man damit alles schafft.
Fangt heute noch an und ihr werdet sehen, das Leben
wird andere Wege gehen.
Ihr werdet lesen in meinem Buch und sagen:
„Jetzt werde ich klug". Für wahr, es ist die Seligkeit!
Ich, Gott, sage: „ Wo ist die Dummheit hin, dein Kopf wird
immer klarer und du bist kein Versager."
Du wirst immer verstehen, mit Dummheit kann man nicht
Gottes Wege gehen!

In Liebe
euer Gott

77
Lachen

Botschaft von Gott

Ja, ich bin da.

Dein Lachen klingt so hell und klar, als ob es grad ein Engel war. Wer hat schon nicht mal so gelacht, dass es angesteckt hat. Andere Menschen haben dann mitgelacht und so war das menschliche Miteinander ein gegenseitiges Einverständnis, über eine Sache. Lachen in der Gemeinschaft ist besonders schön. Alle sind sich einig und jeder ist gut drauf.
Menschen die schwer lachen können, haben große Probleme in der Gemeinschaft.
Sie können ausgestoßen werden oder man sagt, der ist ja krank. Vielleicht kann er gerade nicht lachen, weil er große Sorgen hat oder er fühlt sich nicht gut. Alles das gibt es.
Selbst kleine Babys lachen schon herzhaft, einfach aus lauter Übermut und Freude. Es geht ihnen gut.
Wenn ihr gekitzelt werdet lacht ihr auch, das ist ein Reflex.
Der Lachkrampf ist euch auch bekannt.
Der Mensch kann sich einfach nicht beruhigen.
Da werden Tränen gelacht, so ein Gefühlsausbruch.
Ja, der Engel der da lacht, ist etwas Besonderes.
Er ist gut und meint es auch gut.
Aber es gibt auch das böse Lachen.
Einen Menschen weh tun und sich freuen, das ist sadistisch.
Nehmt euch in Acht!
Ich liebe euch!

In Liebe
euer Gott

78
Träume

Botschaft von Gott

Ja, ich bin da.

Ich sage einfach zu euch Menschen, Träume können euch auf die Wolke sieben heben.
Ihr sitzt da drauf und seht euch und die Welt in wunderbaren Farben. Alles ist gut und ihr seid im eigenen Märchen gefangen.
Wer träumen kann, macht sich das Leben einfach schöner als es ist. Manchmal entsteht aus einem Traum eine bleibende Wirklichkeit. Ihr möchtet euch euren Traum erfüllen.
Träume lassen sich erfüllen, wenn sie nicht zu weit fort sind.
Aber es kann auch passieren, das ein Traum wie eine Seifenblase platzt. Es war nun eben bloß, eine Seifenblase.
Das ist das Träumen mit offenen Augen.
Aber das Träumen im Schlaf gibt es auch.
Da kann allerhand passieren, Gut und Böse und der Traum kann alles auf den Kopf stellen.
Ihr wacht auf und der Traum verfolgt euch, wenn er besonders lustig oder traurig war.
Was ihr aus euren Träumen macht, hängt von jedem selbst ab.
Versucht immer, dass der Traum euch nicht tyrannisiert, denn das wäre nicht gut.
Lasst euch im Traum nicht töten oder schlecht behandeln.
Die böse Macht darf euch nicht besiegen.
Betet!

In Liebe
euer Gott

79
Hilfe

Botschaft von Gott

Ja, ich bin da.

Wenn ein Mensch Hilfe schreit, dann muss es schlimm um ihn bestellt sein.
Der Hilfeschrei bedeutet immer Lebensgefahr.
Das heißt, er braucht schnellstens Hilfe.
Ihr Menschen habt in der Not schon viel geholfen und könnt sehr uneigennützig sein.
Beispiele zeigen, dass durch die Hilfe eines anderen Menschen, das eigene Leben keine Rolle spielt.
Ihr habt euer Leben für einen Hilfesuchenden eingesetzt.
Leider manchmal auch mit der traurigen Folge des Todes.
Damit muss man immer rechnen.
Aber in dem Moment denkt der Helfende nicht mehr an sich.
Es könnte sein Kind, seine Mutter oder sein Freund sein.
Viele wurden schon wegen Tapferkeit mit dem Verdienstorden ausgezeichnet.
Das ist Menschlichkeit und ehrt euch.
Lasst nie zu, dass schlechte Menschen einen anderen quälen.
Schaut nicht weg!
Ich, euer Gott, würde gerne die Unglücke vermeiden, aber ihr Menschen müsst dazulernen, dann stirbt eines Tages das Böse aus!
Lernt und betet, ich helfe euch, wenn ihr klug handelt!

In Liebe
euer Gott

80
Selbstmord

Botschaft von Gott

Ja, ich bin da.

Ein Mensch, der Selbstmordgedanken hat, wird sie auch eines Tages ausführen, wenn sich sein Zustand nicht bessert.
Er ist sehr krank und braucht Hilfe.
Ich sage dazu: „Liebe Menschen, lasst es nicht zu, sprecht euch aus. Sagt alles was ihr auf dem Herzen habt und macht euch stark."
Lest jeden Tag die Bibel und berührt mich.
Ich merke und fühle euch.
Es gibt Hilfe von meiner Seite.
Ein Lichtstrahl gibt euch wieder Kraft.
Ihr merkt, dass ich euch auch berühre.
Ich heile euch! Ihr sollt wieder glücklich werden.
Euer Glaube an mich, ist stark geworden!

In Liebe,
euer Gott

81
Alkoholiker

Botschaft von Gott

Ja, ich bin da.

Liebe Menschen passt auf eure Taten auf, denn sie können bitter enden.
Auch wenn ein Alkoholiker letztendlich als krank eingestuft wird, so zwingt ihn keiner dazu, dieses Zeug zu trinken.
Er ruiniert seinen Körper und kommt da nicht mehr oder schlecht raus.
Er mag sich selber nicht und trinkt trotzdem.
Es fehlt ihm einfach, die Kontrolle über sich.
Lasst euch nicht gehen, sondern sucht Hilfe.
Betet und ruft mich.
Viele Menschen haben es schon geschafft, aber viele Menschen sind schon jung daran gestorben.
Grausam!

In Liebe
euer Gott

82
Tyrann

Botschaft von Gott

Ja, ich bin da.

Welcher Mensch, möchte schon mit einem Tyrannen zusammen leben? Ein Tyrann, hat ein grausames Verhalten. Nicht nur, dass alles nach seinem Kopf gehen muss. Er macht auch viel Unruhe und Aufstand. Er schreit und tobt und benimmt sich wie ein Verrückter. Wenn seine Wut mit ihm durchgeht, kann er auch Frau und Kinder schlagen. Das geht einfach zu weit. Wie könnt ihr Menschen, solchen Unhold bändigen? Nehmt allen Mut zusammen und lasst ihn einfach allein. Er muss über sich nachdenken lernen. Verlassen sein und keinen Menschen zum Austoben haben, ist für ihn das Schlimmste. Er sollte lernen, viel Sport zu machen. Ich euer Gott, sage es ganz bewusst, viel Sport, es baut die Aggressivität ab und bringt Erfolgserlebnisse. Solche Menschen, müssen sich an Geräten austoben. Trotzdem müssen sie auch lernen, dass nicht jeder nach seiner Pfeife tanzt. Ein guter Mann ist immer ein gutes Vorbild. Ich werde bemüht sein, seinen Übermut zu zügeln. Eines Tages lernt er es. Ich bin da und helfe, wenn er möchte. Alles kann gut werden!

In Liebe
euer Gott

83
Sadist

Botschaft von Gott

Ja, ich bin da.

Sadisten können überaus liebe, zuvorkommende und nette Menschen sein. Aber sie haben zwei Seiten.
Viele Frauen sind schon auf einen Sadisten hereingefallen.
Sie waren doch die besten und liebenswürdigsten Geschöpfe.
Alles braucht seine Zeit.
Der Sadist entpuppt sich eines Tages als gemeiner und raffinierter Mensch. Er möchte seine Partnerin im wahrsten Sinne des Wortes quälen. Die Freude, die ihn da überkommt, ist grausam. Er will immer das Gegenteil. Erst wenn es zu Konsequenzen führt, wird er wieder zum zahmen Reh. Er bereut alles und will sich ändern. Er kauft Blumen und gibt sich wieder als liebenswürdig aus. Alles nur Schein, alles nur gespielt. Plötzlich ist er wieder der Gemeine.
Liebe Frauen, passt bloß auf euch auf. So einen Mann hat keine Frau verdient. Eines Tages, wenn ihr nicht begreift, könnt ihr sogar euer Leben verlieren.
Das Trügerische lähmt euch nämlich.
Geht und betet für ihn und bittet ihn in guten Stunden, es auch zu tun. Sucht einen Pastor auf und sprecht mit ihm.
Ich begleite euch!

In Liebe
euer Gott

84
Fantasie

Botschaft von Gott

Ja, ich bin da.

Wie schön, dass es die Fantasie gibt.
Sie hat schon viel erreicht im Leben.
Fantasie kann die schönsten Gemälde, Bauwerke, Schmuckstücke, Bücher, Kleidung, Wohnung usw. gestalten.
Fantasie ist erfinderisch und kreativ. Eine besondere Gabe.
Durch Fantasie, wurde aber auch schon die Welt auf den Kopf gestellt. Das war gar nicht so schön.
Also, die Fantasie hat auch nicht nur zwei Seiten, sondern Millionen kleine Teilchen, die in allen Farben schimmern.
Eure Fantasie, kann auch mit euch durchgehen.
Ihr stellt euch einen tollen Mann oder eine tolle Frau vor, den oder die ihr unbedingt haben möchtet.
Wenn das dann nichts wird, bleibt ihr ein Leben lang allein und seid unglücklich. Stellt euch nicht zu viel vor.
Keine Fantasie der Welt muss sich bewahrheiten.
Manchmal bleibt es eben nur Fantasie und wird nicht Realität.
Trotzdem ist sie was Besonderes, wenn sie zu guten Zwecken eingesetzt wird. Auch die Wissenschaftler brauchen Fantasie um weiter zu kommen. Ich kann das nur unterstützen, wenn es für einen guten Zweck ist!
Ich glaube an euch!

In Liebe
euer Gott

85
Kultur

Botschaft von Gott

Ja, ich bin da.

Wenn ich über die Kultur schreibe, weiß ich, dass ihr schon immer mit der Kultur gelebt habt.
Die Kultur gab es in jeder Epoche.
Die antiken Tempel sind ein Symbol dafür, dass Menschen sehr viel geschaffen haben.
Sie haben sehr viel gestaltet oder Gestalt gegeben.
Man sagt auch, das Material wurde umgestaltet.
Ihr Menschen habt euch sehr viel Mühe gegeben, wenn es um die kulturelle Weiterentwicklung ging.
Selbst das Essen, wie ihr esst, gehört mit zur Kultur.
Wie der Tisch gedeckt ist und wie der Mensch sich kleidet.
Da gibt es aber verschiedene Blickwinkel, denn Kultur ist sehr verschieden, in den unterschiedlichsten Ländern.
Die Musik gehört schon immer mit zur Kultur.
Auch sie hat sich in all den Jahren verändert.
Ihr merkt es schon, Kultur ist veränderbar.
Es wurde von euch Menschen, auch schon viel Kultur zerstört. Manches ließ sich wieder aufbauen oder restaurieren.
Es ist sehr traurig, wenn ihr euch selbst die Erinnerungen nehmt.
Passt auf die Schätze der Kultur auf, sie sind ein Erbe!

In Liebe
euer Gott

86
Licht

Botschaft von Gott

Ja, ich bin da.

Es geht euch ein Licht auf, das heißt, es wird hell, ihr könnt etwas erkennen, ihr seht alles klarer und Ungewissheiten bekommen einen anderen Rahmen.
Das Licht ist für euch Menschen etwas für die Seele und gleichzeitig ein Heiligtum.
Kerzen sind mit ihrem natürlichen Licht, für viele Anlässe einsetzbar, denn sie strahlen Wärme, Liebe und auch Geborgenheit aus. Nicht zuletzt leuchten sie für besinnliche Stunden.
Welcher Mensch schaut nicht gerne in ein Kerzenlicht und träumt vor sich hin.
Genauso wie die Sterne leuchtend am Himmel stehen, der Mond in der Nacht scheint, damit es auf der Erde heller ist und die Sonne die Erde am Tage anlacht.
Alles das ist Energie für euch Menschen.
Sie ist natürlich und schön.
Dann habt ihr aber noch die künstliche Energie, die euch Licht in die Umgebung zaubert.
Ihr Menschen braucht sie und ihr freut euch, einen Knopf zu tätigen und alles wird hell.
Eine gute Erfindung. Ich lobe euch dafür.
Nutzt das Licht nur für gute Zwecke.
Ich bin bei euch!

In Liebe
euer Gott

87
Dunkelheit

Botschaft von Gott

Ja, ich bin da.

Die Dunkelheit, kann euch Angst machen.
Sie ist unberechenbar.
In der Dunkelheit kann sich jeder Mensch verstecken
und Unheil anrichten.
Dunkelheit kann heimtückisch sein.
Kleine Kinder möchten nicht gerne in der Dunkelheit schlafen. In ihrer Fantasie, sehen sie Hexen und dunkle Gestalten tanzen. Es tut gut, wenn ihr die Dunkelheit überlistet und Lichter anmacht. Böse Menschen nutzen die Dunkelheit aus, darum seid vorsichtig. Geht nicht alleine dunkle Wege. Nehmt immer eine Taschenlampe mit.
Gefahren können überall lauern.
Der Mond hilft euch auch in der Dunkelheit,
er zeigt euch den richtigen Weg.
Alles hat seinen Sinn, auch die Dunkelheit.
Menschen und Tiere ruhen sich aus, damit sie Kraft haben für den nächsten Tag.
Ich bin bei euch!

In Liebe
euer Gott

88
Lebenshilfe

Botschaft von Gott

Ja, ich bin da.

Lebenshilfe ist von großer Bedeutung, sie sagt es schon:
„Hilfe für das Leben“.
Das heißt, Menschen die helfen und da sind, wenn ein alter Mensch nichts mehr alleine kann.
Hilfen wie Gehwagen, Rollstühle und selbst Fahrstühle sind Lebenshilfe.
Ein Rettungswagen bei Unfall und schnelle Hilfe, alles das ist wichtig.
Aber eines muss ich euch sagen, die Bibel ist auch eine große Lebenshilfe.
Sie kann euer Leben retten.
Ich sehe euch und freue mich, dass ihr sie liebt!

In Liebe
euer Gott

89
Klugheit

<u>Botschaft von Gott</u>

Ja, ich bin da.

Klugheit erfordert in allen Lebenslagen ein gutes Fingerspitzengefühl, denn die Klugheit will nichts falsch machen. Besser ist es sogar, sie denkt mehrere Schritte vorwärts. Sie ist vorsichtig, umsichtig, fleißig, bescheiden, rücksichtsvoll, liebevoll, hat ein starkes Bewusstsein und denkt menschlich.
Der Mensch, der klug ist, kann kaum Fehler machen.
Er ist belesen, er passt sehr auf, wie ein Fuchs und kann gut rechnen. Er lässt sich nicht für dumm verkaufen und an der Nase herumspielen. Er kennt die Bibel und glaubt an mich.
Alles wird sofort erledigt und mit großer Sorgfalt ausgeführt.
Der kluge Mensch schiebt nichts auf die lange Bank.
Wie heißt es doch so schön? „Was du heute kannst besorgen, das verschiebe nicht auf morgen“.
Halbe Sachen, sind auch keine Spielchen für ihn.
Die Klugheit, kann aber auch gefährlich sein, wenn der Kluge raffiniert, heimtückisch und bösartig ist.
Dieses nennen wir dumm-klug, weil er sich meistens ins eigene Fleisch schneidet.
Der Dumm-Kluge, hat sich schon viele böse Taten ausgedacht,die in die falsche Richtung gingen.
Bitte kommt nicht vom Wege ab, denn es bekommt euch letztendlich nicht.
Ich bete für euch!

In Liebe
euer Gott

90
Talent

Botschaft von Gott

Ja, ich bin da.

Wenn ein Mensch ein Talent hat, dann ist es in die Wiege gelegt. Es sollte gefördert werden und als eine besondere Gabe von mir gesehen werden.
Ein Talent zu haben und es zu nutzen, kann euch große Erfolge bringen. Ein Talent ausführen, bereitet besonderen Spaß und die Energie, die ihr da reinsteckt, ist sehr groß.
Ihr opfert euch für euer Talent auf und begeistert nicht nur andere Menschen, sondern auch euch selbst.
Lasst es bitte nicht verkümmern, aus welchem Grund auch immer. Es wäre schade!
Talentierte Menschen können uns begeistern, sie schenken unserem Leben viel Schönes, wie Musik, Bücher, Malerei, Tanz, Gestaltung und wissenschaftliche Erfolge.
Besondere Bauwerke sind nur durch Talente entstanden.
Diese Bauwerke sind einmalig auf der Welt und werden bewundert. Sie werden in Ehren gehalten und sollen ein Erbe der Geschichte sein. Bitte, bitte, erhaltet euch das Talent und die Schönheit. Euer Leben wird dadurch bereichert!
Helft jedem talentierten Kind sich zu entfalten.
Ich liebe euch dafür!

In Liebe
euer Gott

91
Wiederkehr

Botschaft von Gott

Ja, ich bin da.

Der Name sagt es schon, Wiederkehr, es wiederholt sich was.
Es kommt etwas wieder zurück.
Für Menschen kann das eine große Freude sein oder auch ein großes Leid. Das Leben ist wechselhaft und manchmal leider trügerisch. Eine schwere Krankheit, die sich schon im Körper aufgelöst hatte, ist plötzlich wieder da.
Es kann aber auch ein Kind von euch sein, welches ihr jahrelang nicht gesehen und gehört habt.
Diese Wiederkehr ist dann besonders schön.
Ihr kennt aus der Bibel den verlorenen Sohn.
Er kehrte wieder heim. Alles war gut!
Erinnerungen möchten manchmal, dass etwas wiederkehrt, ein Verstorbener, den wir sehr lieb hatten, oder eine gewisse Zeit. Die Zeit kommt bloß nicht wieder, ebenso ist der Verstorbene von euch fort. Die Wiederkehr ins Paradies hat noch einen weiten Weg, aber sie kommt.
Ich sage euch Menschen, die Wiederkehr kann viele Wünsche erfüllen, aber auch Träume vernichten.
Das ist euer Leben.
Kämpft es tapfer aus, ihr werdet dafür belohnt!

In Liebe
euer Gott

92
Versuchung

<u>Botschaft von Gott</u>

Ja, ich bin da.

Lasst euch nicht von der Versuchung verführen.
Sie ist eine große Verführerin und hat schon viel Unheil unter den Menschen angerichtet.
Sie lockt euch und ihr Menschen lauft Gefahr, dieser Verlockung nicht zu widerstehen.
Jugendliche müssen lernen, mit Alkohol richtig umzugehen, denn die Versuchung ist groß, sich einmal stark zu fühlen.
Aus der Stärke kann dann eine große Schwäche werden.
Passt auf euch auf!
Mit schönen Frauen oder Männern einen leichtsinnigen Abend zu verbringen, da ist die Versuchung auch groß.
Die Enttäuschung kann bitter werden.
Versucht auch nicht aus Übermut mit dem Auto der Schnellste zu sein. Ihr könntet es mit dem Leben bezahlen.
Die Versuchungen und die Verlockungen sind überall groß.
Baut euch nicht selber Silvesterknaller.
Hört auf alle Warnungen, sie haben ihren Sinn.
Ihr Menschen könnt viel versuchen, aber erst denken, dann handeln.
Das Böse wartet überall.
Seid bitte besonnen und klug.
Ich liebe euch dafür!

In Liebe
euer Gott

93
Unberechenbar

<u>Botschaft von Gott</u>

Ja, ich bin da.

Nichts ist unberechenbarer, als euer Leben.
Heute kann noch alles rosig sein und morgen ist alles grau in grau. Nicht nur das Wetter ist launisch, sondern auch der Mensch. Ihr könnt plötzlich von einer Krankheit, einem Unwetter, einem Todesfall oder großen Sorgen überfallen werden. Auch die Launen eines unberechenbaren Menschen können tiefe Verwundungen anrichten.
Ein plötzlicher Brand, der Hunderte von Häuser vernichtet.
So vieles ist möglich. Ihr kennt alle den Ausspruch:
„Der Mensch denkt und Gott lenkt."
Wollen wir mal sagen, da ist was Wahres dran.
Aber ich versuche mein Bestes zu geben, damit es euch immer besser geht. Wir müssen gemeinsam Naturgewalten besiegen, denn ihr Menschen macht die Erde durch die moderne Welt immer mehr kaputt.
Strengt euch an und denkt nicht nur ans Kapital.
Die Erde rächt sich.
Ich helfe euch, weil ich euch liebe.
Handelt verantwortungsbewusst!

In Liebe
euer Gott

94
Heimat

Botschaft von Gott

Ja, ich bin da.

Die Heimat eines jeden Menschen wird immer eine Bindung sein. Dort seid ihr aufgewachsen, habt das Laufen und Sprechen gelernt, sowie das Spielen mit euren Freunden.
Auch, wenn ihr eines Tages die Heimat verlasst und andere Erdteile erkunden wollt.
Sesshaft zu werden, weit fort von der Heimat, ist eine andere Erfahrung.
Heimat bleibt Heimat.
Die vielen Flüchtlinge, die aus Not heraus ihre Heimat verlassen müssen, sind arm dran.
Leider, weil Macht alles zerschlägt.
Das Böse greift um sich, weil der Mensch oft ungehorsam ist.
Ich möchte euch beschützen.
Betet immer wieder!

In Liebe,
euer Gott

95
Heimweh

Botschaft von Gott

Ja, ich bin da.

Aua, aua, aua, Heimweh kann sehr weh tun.
Die Seele findet keinen Ausweg und keine Freude.
Heimweh hört erst auf, wenn ihr Menschen in der neuen Umgebung, Liebe und Geborgenheit gefunden habt.
Heimweh kann krank machen und ein Leben lang traurig.
Sucht einen Weg der Liebe und baut euch ein neues Zuhause auf mit einem lieben Partner.
Lasst los, sonst werdet ihr nie glücklich.
Betet und sucht den Weg zu mir.
Ich helfe euch!

In Liebe
euer Gott

96
Veränderung

Botschaft von Gott

Ja, ich bin da.

Und wieder mal ist es so. Wie das Blatt zwei Seiten hat,
so hat die Veränderung auch zwei Seiten.
Mit einer Veränderung könnt ihr den guten positiven Weg
gehen, der euch glücklich macht oder aber den schlechten,
nicht gewollten negativen Weg.
Der gute Weg ist immer einfach, den möchtet ihr Menschen
gerne gehen.
Er verspricht Wohlstand, Gesundheit und Liebe.
Wenn ihr dafür gekämpft habt und ihn euch erarbeitet,
dann habt ihr ihn auch verdient.
Der negative Weg kann euch auch manchmal falsche Schritte
gehen lassen.
Ihr Menschen merkt es oft zu spät,
dass ihr auf dem falschen Weg seid.
Kehrt um, lasst euch nicht in die Irre führen.
Es bekommt euch nicht.
Glaubt nicht an alle Versprechen, die man euch gemacht hat.
Es könnte eine Falle sein. Ich beobachte euch genau und
weiß, dass immer das Gute siegen wird.
Darum ruft mich, betet und sucht meinen Rat.
Die Bibel hat viele Ratschläge, so bedenkt und passt auf.
Alles kann so oder so enden!

In Liebe
euer Gott

97
Geheilt

Botschaft von Gott

Ja, ich bin da.

Geheilt werden, geheilt sein, ist oft ein Wunder der Natur. Wenn ihr Menschen gesund seid, ist alles in bester Ordnung. Ihr fühlt euch stark und kräftig, habt viele Ideen und denkt nicht an Krankheit.
Ganz plötzlich kann sie über euch kommen und die Welt auf den Kopf stellen. Dann ist nichts mehr wie es war.
Jetzt muss gehandelt werden, damit alles wieder besser wird.
Das ist natürlich richtig, aber meine Wege sind unergründlich.
Ihr Menschen sollt glauben. Wenn ich es möchte, werdet ihr geheilt oder ihr müsst die Erde verlassen, weil die Zeit reif ist. Viele Heilungen sind einfacher, mit dem Glauben an mich. Ich gebe euch Kraft im Glauben.
Lasst euch untersuchen und ihr wisst die Ursache.
Nehmt Lehren an und befolgt sie.
Trotzdem bin ich immer noch der Weg zur Heilung.
Es kann ein langer Weg werden, aber ich helfe euch, wenn ihr mich ruft.
Ich heile euch, ihr werdet staunen!
Verliert nie den Mut und den Glauben an mich!

In Liebe
euer Gott

98
Erwartungshaltung

Botschaft von Gott

Ja, ich bin da.

Erwartungshaltung ist immer gut, wenn sie sich erfüllt.
Aber wehe, sie erfüllt sich nicht, dann sind wir enttäuscht.
Ihr Menschen stellt euch immer etwas vor, und dann passiert etwas ganz anderes.
Ihr Menschen habt es leider an euch, Versprechen zu geben und sie dann nicht zu halten.
Da solltet ihr euch unbedingt bessern.
Gebt lieber keine Versprechen mehr ab, dann könnt ihr keine Erwartungshaltung wecken.
Der andere Mensch kann euch das übel nehmen, denn das Warten, Warten und Warten kann bitter schmecken.
Erwartungshaltung kann ja auch Spaß machen, denn ihr freut euch auf etwas. Wie kommt ihr dagegen an?
Lasst euch nichts versprechen oder nehmt es nicht so wörtlich. Es schadet euch nur.
Ihr lieben Menschen bessert euch, denn ihr haltet nicht Gottes-Wort.
Gottes-Wort ist nämlich wahr.
Eine Lüge hat nichts mit mir zu tun.
Prüft wo ihr steht und wo ihr hinwollt.
Ich merke mir alles!
Euer Gott, der immer an euch glaubt!

In Liebe
euer Gott

99
Vernunft

Botschaft von Gott

Ja, ich bin da.

Mit der Vernunft könnt ihr alles anfangen.
Sie lässt euch keine Tat entgleisen.
Ihr handelt klug und überlegt und plant jede Entscheidung.
Die Vernunft kann euch zu großen Ehren kommen lassen, denn ihr werdet bewundert.
Viele Menschen denken, bei dem geht nie etwas schief, alles was er sich vornimmt, führt zum Erfolg.
Dieser Erfolg, hat etwas mit der Vernunft zu tun.
Erfolgreich zu sein bedeutet auch immer, mit der Vernunft zusammen zu arbeiten. Jede Unvernunft würde alles zerstören. Wo habt ihr Menschen die Vernunft her?
Ich sage es euch. Sie ist euch in die Wiege gelegt und ihr benutzt sie als Sprungbrett. Ich bin stolz auf solche Menschen und freue mich mit euch.
Bewahrt euch das Gute und lasst es nie wieder los.
Es ist ein Geschenk des Himmels.
Die Vernunft wird nie etwas Böses zu lassen, sie ist ausgerichtet auf Liebe, Besonnenheit und Fleiß.
Ihr lebt in meinem Namen und ich bewahre solche Menschen bis in den Tod.
Euer Zeugnis, welches ihr hier ablegt, ist ehrenvoll.
Ich wünsche mir mehr Menschen davon!

In Liebe
euer Gott

100
Armut

Botschaft von Gott

Ja, ich bin da.

Ein Mensch der arm ist, hat nicht mal das Nötigste zum Leben.
Er hat zu tun, dass er etwas zum Essen hat.
Viele Menschen leben unter der Armutsgrenze.
Sie wissen nicht aus noch ein.
Sie suchen nach Essensresten.
Leider sterben jeden Tag viele Kinder an Unterernährung.
Was für eine Welt, sagt ihr und wieder kommt die Frage: „Wo ist Gott?".
Ich sehe euch und weiß, dass es eine Rettung gibt.
Helft euch gegenseitig, glaubt an das Gute.
Es wird kommen.
Die Welt wird sich zum Guten verändern. Handelt!
Ihr Menschen werdet schlauer und merkt, es gibt mich.
Betet und ruft mich!

In Liebe
euer Gott

Inhaltsverzeichnis von A-Z

Botschaften-Nr. 001-100

Erklärung

Ich setze mich hin, mit dem Kugelschreiber in der Hand und rufe Gott. Dann frage ich ihn, ob er bereit ist, mit mir zu schreiben.Wenn Gott schreibt, „Ja ich bin da“, stelle ich Fragen und Gott antwortet mir. Ich schalte meine Gedanken ab und konzentriere mich nur auf das Schreiben mit Gott. Er schreibt sehr schnell, so schnell, kann kein Mensch denken, jedenfalls ich nicht. Er schreibt und schreibt, eine DIN A4 Seite mit mir, ohne das ich mir ein Wort überlegen müsste. Danach lese ich mir den Text durch und kann alles selber kaum glauben. Ein Wunder ist wieder geschehen. Ich habe viel darüber nachgedacht, wie das alles möglich ist. Gott schreibt mir, ich wurde von ihm ausgesucht.

Monika Beyersdorf-Morig

Monika Beyersdorf-Morig

Biographie

Ich erblickte am 11. Juli 1948 in Feldberg (Mecklenburg-Vorpommern) das Licht der Welt.
1968 schloss ich eine kaufmännische Lehre ab.
1978 arbeitete ich als Erzieherin im Kinderkurheim und nahm an einer Ausbildung in Pädagogik und Psychologie teil. In der Zeit von 1969 – 1977 bekam ich drei Kinder. Meine Familie, war mir immer sehr wichtig. Malerei, Gedichte schreiben und Handarbeiten, waren meine Hobbys. Ab 2008 pflegte ich mit meinem Ehemann Gerd Morig, liebevoll meine Mutter, bis zu ihrem Tode im Juni 2012. Danach nahm ich Kontakt zu meiner verstorbenen Mutter auf, den ich bis in die heutige Zeit pflege. An Gott habe ich mein Leben lang geglaubt und in schweren Stunden um Hilfe gebeten und auch bekommen.
Gott schreibt mit mir seit Februar 2015.
Wer nur an das glaubt, was er sehen und anfassen kann, wird nie die Wunder des Universums erleben.
Es gibt noch unendlich viel Verborgenes zu erforschen!

Monika Beyersdorf-Morig

Erscheinungsdatum April 2016

Erscheinungsdatum Mai 2016

Alle Ausgaben erscheinen auch als eBook!

Erscheinungsdatum Juni 2016

Erscheinungsdatum Juli 2016